AF610345

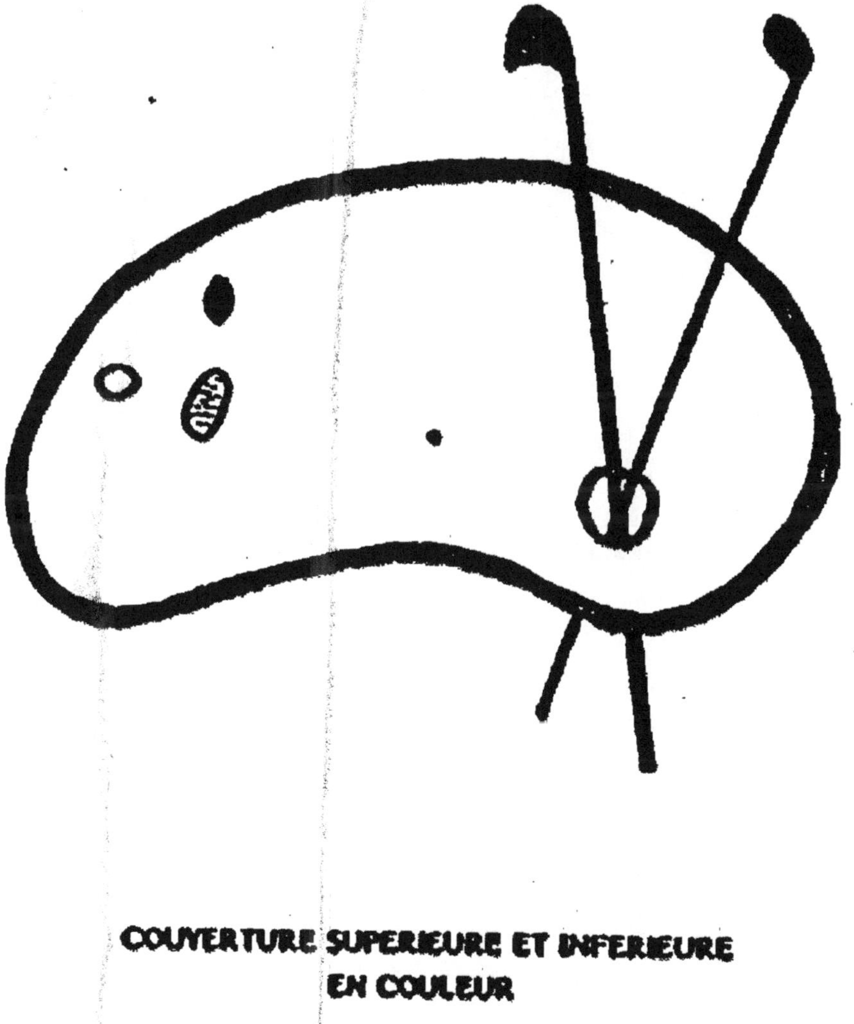

8° O3 a
1663

LES HYPOGÉES ROYAUX DE THÈBES

(*Bulletin critique de la religion égyptienne.*)

E. Lefébure, *Les Hypogées royaux de Thèbes.* — Première division : *Le Tombeau de Séti Ier*, publié in-extenso, avec la collaboration de MM. U. Bouriant et V. Loret, anciens membres de la Mission Archéologique du Caire, et avec le concours de M. Ed. Naville (forme le t. II des *Mémoires publiés par les Membres de la Mission Française permanente d'Archéologie au Caire*). In-4, 31 p. et 135 pl. Paris, Ernest Leroux, 1886.

Les tombes royales de Thèbes ont été visitées et étudiées, depuis le commencement du siècle, par la plupart des savants qui se sont occupés d'égyptologie. Les membres de la commission d'Égypte, Belzoni, Champollion, Rosellini, Nestor Lhôte, Lepsius, Naville, y avaient passé de longues heures et y avaient recueilli, Champollion surtout, beaucoup de matériaux précieux : aucune d'elles n'avait été copiée et publiée en entier. Je n'ai pas à insister sur le déplorable système de glanage qu'ont pratiqué, jusqu'à ce jour, les égyptologues que leur bonne fortune conduisait en Égypte. Ils ont relevé sur les monuments les inscriptions qui les intéressaient, sans s'inquiéter de reproduire les textes qui les entouraient, ni les figures dont elles étaient accompagnées : à plus forte raison se sont-ils préoccupés rarement de reproduire un monument entier. Ils ont réussi de la sorte à rendre presque incompréhensibles beaucoup des fragments qu'ils donnaient, et à faire de l'archéologie égyptienne une étude presque impossible à pratiquer ailleurs qu'en Égypte. Mariette et Dümichen avaient réagi contre cette coutume déplorable des *Excerpta Hieroglyphica*, le premier dans ses monographies d'Abydos, de Dendérah, de Deir-el-Bahari, où les parties principales d'un même édifice étaient rendues accessibles au public par une description accompagnée de planches classées méthodiquement, le second par son admirable publication du tombeau de Pétamounoph qui, tout inachevée qu'elle est, a déjà rendu tant de services[1]. En dressant le programme des travaux que devaient exécuter les membres de la Mission permanente établie en 1880, on décida que chacun d'entre eux serait obligé de copier, chaque année, au moins un monument complet, tombeau ou temple, et cet article du règlement a été scrupuleusement observé. M. Bouriant a relevé de la sorte les tombes nouvelles de Tell-el-Amarna, M. Loret celles de Khâmhât et d'Amenhotpou, M. Maspero les mastabas et les tombes découvertes à Memphis et à Thèbes de 1881 à 1885, M. Virey, les hypogées de deux grands fonctionnaires thébains de la dix-huitième dynastie, sans parler du tombeau de Rekhmiri dont les planches sont actuellement à la gravure, M. Lefébure enfin la syringe entière de Sóti Ier, que viendront compléter bientôt, je l'espère, les copies des autres tombes royales. Ce dernier ouvrage est le résultat de deux mois de séjour dans les Bibân-el-Molouk. M. Lefébure, que ses études antérieures ne préparaient pas exactement au métier d'archéologue, a suppléé une légère inexpérience en ces matières par un grand dévouement. Non seulement il a passé ses journées dans les tombes, mais il y a couché pendant des semaines entières sous la garde des ghafirs du Musée. Champollion avait agi de même, et avait pris là les germes de la maladie dont il mourut à son retour en France. M. Lefébure a été plus heureux que Champollion : il a pu achever son œuvre sans que sa santé en souffrît. Le volume qu'il nous offre aujourd'hui n'est qu'une première partie : un second volume d'importance égale est déjà imprimé à moitié et viendra plus tard rejoindre celui-ci. Une description pittoresque de la vallée des Tombes royales remplit les premières pages. Elle est suivie d'une analyse sommaire des planches, où l'on trouve l'indication des portions déjà publiées par Champollion, Rosellini, Lepsius et Naville. Les planches forment le gros du volume. M. Lefébure les a divisées en quatre chapitres, pour chacun desquels la numérotation recommence. Cette disposition s'explique par des considérations théoriques propres à l'auteur ; elle n'est pas pour faciliter les citations ni les recherches. Les dessins ont été exécutés avec soin ; les textes, copiés ou revus pour la plupart par M. Lefébure lui-

1) Voir *Revue des Religions*, t. XV, p. 162 sqq.

même, sont d'une correction suffisante. Je ne puis dire cependant que l'œuvre de M. Lefébure rende entièrement inutile tout ce qui a été fait antérieurement sur le même sujet ; j'aurais souhaité de plus rencontrer, à côté des inscriptions du tombeau, celles du sarcophage conservé à Londres et assez médiocrement édité par M. Sharpe, dans une brochure devenue rare aujourd'hui[1]. M. Lefébure s'est réservé de nous exposer dans un volume spécial les idées que lui a inspirées l'étude prolongée des tombes royales ; ce sont des matériaux qu'il nous offre aujourd'hui. On peut prévoir en partie, dès à présent, quelle sera la tendance de son ouvrage : il a inséré, dans les *Records of the Past*, une traduction des légendes gravées sur le sarcophage de Séti Ier[2], et les notes, ainsi que l'introduction qu'il y a jointes, nous indiquent la direction qu'il avait imprimée à ses recherches. Pourtant, comme les années qui se sont écoulées depuis lors ont modifié bien certainement quelques-unes au moins des conceptions qui régnaient en égyptologie, je ne chercherai pas à exposer ce que M. Lefébure pensait alors sur les idées qui ont présidé à la décoration de la tombe. J'ai dit ailleurs[3] que les hypogées royaux de Thèbes me paraissaient reproduire, dans leurs grandes lignes, la disposition des hypogées royaux de Memphis, avec cette différence que les uns sont creusés dans une montagne naturelle, tandis qu'on a construit pour contenir les autres des montagnes artificielles, les pyramides. La décoration thébaine diffère de la décoration memphite en ceci surtout que les Thébains ont mis en tableaux les doctrines que les Memphites exprimaient par des formules ; quant aux textes eux-mêmes, les formes grammaticales qu'ils renferment m'avaient convaincu depuis longtemps qu'ils appartiennent pour la plupart à une époque très ancienne, et la découverte de plusieurs d'entre eux dans les chambres des pyramides m'a confirmé dans mon opinion. Six livres entraient plus ou moins complètement dans la décoration : les *Litanies du Soleil*, déjà traduites par M. Naville, le *Livre de l'ouverture de la bouche*, publié presque simultanément

1) *The Alabaster Sarcophagus of Oimenephtah I, King of Egypt, now in Sir John Soane's Museum, Lincoln's Inn Fields, drawn by J. Bonomi and described by S. Sharpe*. Londres, 1864, in-4° 46 p. et 20 pl.

2) Lefébure, *The Book of Hades* dans les *Records of the Past*, t. X, p. 79-134, t. XII, p. 1-35.

3) Maspero, *Archéologie Égyptienne*, p. 155.

par MM. Dümichen et Schiaparelli[1], les deux compositions que M. Lefébure appelle le *Livre de l'Enfer* et le *Livre de l'Amtouat*, enfin le récit de la création du Ciel et le tableau astronomique du firmament. Ces ouvrages contiennent la plupart des dogmes qu'on professait à Thèbes, vers la vingtième dynastie, sur les destinées de l'âme. Je ne voudrais pas qu'on se trompât sur la valeur de l'expression que j'emploie, et qu'on pensât n'y trouver que des croyances spéciales à la seconde époque thébaine. Beaucoup des idées exprimées sont anciennes, probablement plus anciennes que l'Égypte historique : ce qui appartient aux dynasties thébaines, c'est le choix qu'on a fait parmi les textes archaïques pour en décorer les tombes royales, c'est l'élimination progressive de certains mythes et le développement qu'ont reçu certains autres. On a pris tout ce qui avait rapport à la conception solaire de l'autre vie, en rejetant le plus possible ce qui avait trait aux conceptions d'une existence de l'âme sur terre : la même préoccupation qu'on remarque dans les grands hymnes thébains de ramener à Râ, surtout à Amon-Râ, les types et les légendes de tous les dieux vivants, avait porté les décorateurs de nos tombes à rapporter au soleil les types et les légendes de tous les dieux morts. Des textes comme le *Livre de l'ouverture de la bouche* ont seuls échappé à cette tendance ; les autres ont été ramenés bon gré mal gré à l'idée du moment, et les matériaux qui ont servi à les former ont été coordonnés de façon à tout subordonner aux mythes solaires. Je voudrais dégager la conception qui en a inspiré la composition, montrer en quoi elle diffère de celles que j'ai exposées dans les articles précédents, expliquer comment elle s'est superposée à elles, sans réussir à les supprimer ni souvent à en atténuer la grossièreté sauvage. Je n'ai pas à revenir ici sur le *Livre de l'ouverture de la bouche* : j'en ai transcrit les scènes principales dans un article antérieur[1]. Les *Litanies du Soleil*, placées à l'entrée de la tombe, nous font connaître le texte exact des acclamations que les dieux poussaient le soir, au moment où la barque du Soleil arrivait à l'entrée de la *Fente* qui conduisait de notre monde au monde de la nuit. M. Naville leur a consacré un long ouvrage, auquel je renvoie le lecteur[2]. Je préfère attirer l'attention

1) Voir *Revue des Religions*, t. XV, p. 161 sqq.

2) Naville, *La Litanie du Soleil*, 1875, Leipzig, Engelmann, in-4, 130 p. et 49 pl.

sur les deux livres de l'Amtouat et de l'Enfer, dont le premier seul a été étudié par MM. Birch, Devéria, Pierret et Lefébure, sans qu'on soit parvenu à se faire une idée nette de ce qu'il contient. Deux divinités y jouent le rôle principal, le dieu des morts, Osiris, et le Soleil; je commencerai par établir quel est le caractère et l'origine de chacune, avant de chercher à discerner la nature des rapports que la théologie avait établis entre elles.

Le Soleil, qui est tout dans la religion telle que l'ont reconstruite les égyptologues, ne tenait peut-être pas autant de place qu'on l'a cru dans la religion telle que la connaissaient les Égyptiens; c'est là toutefois une question qu'il serait trop long de débattre en ce moment. Je constaterai seulement que les Égyptiens ont eu deux façons d'exprimer leur vénération pour le Soleil, une générale, l'autre locale. Pour la nation entière, le Soleil s'appelait Râ. On a cherché naturellement quelle pouvait être l'étymologie de ce mot, et, naturellement aussi, on l'a trouvée : Râ viendrait du verbe *râ* et signifierait le *donneur*, l'*ordonnateur*, le *créateur*, le dieu qui a tiré l'ordre de l'univers des matériaux mis à sa disposition par Phtah[1]. Je crois peu, pour ma part, à l'utilité des spéculations de ce genre. On ferait bien de s'habituer à l'idée que beaucoup de mots, surtout de ces mots qui servent à désigner les premiers objets de la connaissance humaine, n'ont point de racine. Râ était de ce nombre; il n'avait point de racine, et signifiait *soleil*, rien de plus. On l'employait couramment dans tous les cas où nous employons notre mot *soleil*, et, de même que l'astre-soleil, le dieu-soleil était, sous le nom de Râ, la propriété commune de tous les Égyptiens. Le culte de Râ et son prêtre, l'*Oirîmaou*, se retrouvent dans toutes les villes, sans que nulle part on rencontre un nome spécialement dédié à Râ, pas même celui d'Héliopolis[2]. Râ, comme tous les dieux-soleils, recevait un certain nombre d'épithètes qui caractérisaient ses différents états, et dont la plus connue, celle de *Khopri*, signifie l'*existant*, du verbe *Khopiri*, *être*. De même que le dieu dont elles sont le qualificatif, ces épithètes ne s'étaient point localisées, et l'on ne

1) Brugsch, *Religion und Mythologie der alten Ægypter*, p. 80-87; Birch dans Wilkinson, *Manners and Customs*, t. III, p. 58; Lanzone, *Dizionario*, p. 451.

2) La remarque est de Lepsius, *Ueber den ersten Ægyptischen Gœtterkreis*, p. 192-193. Elle est confirmée par l'examen des listes géographiques des nomes publiés par Brugsch, tant dans ses *G. Inschriften*, que dans son *Dictionnaire géographique*.

connait nulle part un nome ou une ville qui ait pris Khopri pour dieu. Enfin, dernier trait des dieux-soleils[1] ou cosmiques primitifs, Râ n'a point de déesse à côté de lui. Aux basses époques, on a réparé cette omission, en tirant de lui une forme féminine de son nom, *Râït*, qui, ainsi que toutes les formes de ce genre, *Amenit* à côté d'Amonou, *Horit*, à côté de Horou, trahit par la façon même dont elle est déduite grammaticalement l'artifice de sa composition. Mais si Râ, le Soleil, était un objet d'adoration commun à toutes les tribus égyptiennes, certaines d'entre elles rendaient un culte spécial à des dieux qui n'étaient que Râ pourvu d'un autre nom ou considéré sous un aspect particulier. Le plus répandu de ces dieux était Hor, l'épervier, non pas celui qu'on appela plus tard Harsiisi, Hor fils d'Isis, mais Haroiri, Hor l'aîné, Hor l'ancien. Quel que soit le motif qui ait décidé les Égyptiens à adorer l'épervier, ils voyaient en lui le représentant et peut-être l'âme du dieu Râ. Hor dans les deux horizons Harmakhouti, Harmakhis, Hor dans les deux yeux, Harkhentmiriti, et une douzaine d'autres Horus participèrent au culte général de Râ, ou se cantonnèrent dans certaines villes d'où ils ne sortirent point : le Soleil, considéré comme un guerrier triomphant, dont la lance renverse tous ses ennemis, était le maître de Thinis dans la Haute-Égypte, de Sebennytos dans la Basse sous le nom d'Anhouri, le conquérant[2]. La fusion entre ces divinités

1) La remarque est encore de Lepsius, *Ueber den ersten Ægyptischen Gœtterkreis*, p. 193, qui n'a vu que le cas spécial de Râ. Je ne puis qu'indiquer ici en passant cette particularité des dieux les plus anciens de l'Égypte. Quelques-uns vont par couple naturel, comme Sibou et Nouit, la terre et le ciel : la plupart sont isolés, quel que soit le sexe qu'on leur ait attribué au début. On essaya bientôt de les ramener au type de la dualité et de la trinité, soit en les mariant à la femme d'un dieu avec qui on les identifia, en donnant par exemple à Phtah la femme Sokhit de Nofirtoumou, à Minou la femme Isis d'Osiris ; soit, comme ç'a été le cas pour Amon, en plaçant à côté d'eux une déesse complémentaire à qui on donna le titre général de Maout, *la mère* ; soit enfin par le procédé que j'indique pour Râ, en joignant à la forme masculine de leur nom la terminaison des mots féminins.

2) Anhouri Ὄνουρις est formé sur le modèle des locutions *An-zeroou*, *an-hirou*, etc., lit. : « amener les limites, amener les frontières, etc. », qui, appliquées aux Pharaons, signifient simplement *conquérir*, *soumettre* un peuple ou un territoire : comme on amenait (*an*) les chefs et les prisonniers et qu'on apportait (*an*) le butin devant le dieu vainqueur, Amon, Montou, Hor, l'idée d'*amener* quelqu'un ou d'*apporter* quelque chose devint synonyme de l'idée de *vaincre* : *An-houri*,

locales se fit dès les temps anté-historiques, car on la trouve déjà accomplie dans les textes des Pyramides. Râ demeura le Soleil en général, mais les Hor, les Anhouri, et tous ces dieux qui l'avaient représenté, devinrent des formes de Râ qu'on s'efforça de classer, de graduer, sans pouvoir toujours y réussir. A l'époque de la vingtième dynastie, la contagion solaire avait gagné des dieux qui primitivement n'avaient rien de commun avec le Soleil, Shou, Phtah, Khnoumou, Atoumou, sans parler des déesses. Ce n'est pas que les dogmes attachés à ces noms eussent disparu, mais on les expliquait avec plus ou moins de bonheur par les dogmes propres aux cultes solaires. Les lettrés admettaient pleinement l'identification, comme le prouvent les grands hymnes que nous ont conservés les papyrus thébains. Mais, comme ils conservaient en même temps la plupart des dogmes antiques, ils eurent beaucoup à faire pour concilier leurs doctrines avec les doctrines consignées dans les plus anciens livres sacrés. Je n'ai pas à m'occuper ici des moyens dont ils se servirent pour y réussir en ce qui concerne les dieux des vivants, la terre et le ciel, Sibou et Nouit, Shou et Tafnouit, Phtah, Atoumou, Minou. Les livres gravés dans les tombes royales nous révèlent les procédés qu'ils employèrent à l'égard des dieux des morts, Osiris, Sokaris et Khontamentiou.

Si le Soleil n'est à l'origine qu'un dieu des vivants, Osiris n'est à l'origine qu'un dieu des morts. Je dis *un* dieu et non *le* dieu ; chaque nome égyptien paraît en effet avoir possédé, à côté de son dieu des vivants, un dieu ou une déesse des morts. Nous trouvons, par exemple, à Memphis, le dieu des morts Sokaris à côté de Phtah ; à Thèbes, la déesse des morts Miritskro[1] à côté d'Amon. Osiris a plus tard attiré à lui tous ces dieux locaux, mais il a commencé par n'être que l'un d'eux. J'ai cru longtemps, comme la plupart des égyptologues, qu'il était originaire d'Abydos[2] : les textes dé-

le dieu qui *amène* ou *apporte* le ciel, est donc le dieu vainqueur, et c'est pour cela qu'on l'a représenté perçant de sa lance l'ennemi renversé devant lui.

1) Litt. : « Celle qui aime le silence. »

2) Cette opinion a été soutenue pour la première fois d'une façon scientifique par Lepsius, *Ueber den ersten Ægyptischen Gœtterkreis*, p. 190-192. Lepsius n'avait pu s'empêcher de remarquer que le titre de *Maître de Didou*, que porte Osiris, nous renseignait sur la patrie du dieu ; mais il lui semblait que le nom de Didou « ne pouvait désigner une autre localité que This » (p. 191, note 2).

montrent pourtant qu'il venait du Delta. Ils l'appellent le roi Osiris, maître de Didou, en enfermant ce titre dans le cartouche[1], et de fait, Didou et Panibdidou, Busiris et Mendès, étaient, jusqu'à l'époque gréco-romaine, les deux seules villes d'Égypte où Osiris était le dieu principal, celles où l'âme du dieu se manifestait ouvertement sous forme de bélier sacré. Le centre terrestre du culte d'Osiris était donc dans les cantons nord-est du Delta, situés entre la branche Sébennytique et la branche Pélusiaque, comme aussi le centre terrestre du culte de Sit, le frère et le meurtrier d'Osiris : les deux dieux étaient limitrophes l'un de l'autre, et des rivalités de voisinage expliquent peut-être en partie leurs querelles. Le choix d'un dieu des morts pour divinité suprême des deux villes et du nome va contre la règle que j'ai indiquée au début, et d'après laquelle chaque nome aurait pour dieu suprême un dieu vivant, pour divinité secondaire un dieu mort. L'histoire d'Osiris, telle que nous la connaissons, peut-elle expliquer cette contradiction apparente ? Osiris est le fils de Sibou et de Nouit, du dieu Terre et de la déesse Ciel. Sibou et Nouit, comme leurs congénères, Cronos, Rhéa, Ouranos, appartiennent à cette catégorie de dieux primitifs qui, après avoir été tout-puissants au début, sont détrônés par des générations de dieux moins barbares. Sibou a d'abord été le grand dieu d'une partie au moins de l'Égypte ; son titre *ropâït noutirou* est, à lui seul, un indice d'antiquité extrême. Les dieux modernes, Amon, Phtah, sont *souten noutirou*, rois des dieux, et ce mot de *souten*, emprunté au protocole des Pharaons, nous montre à lui seul la date de leur avènement : ils n'ont pu s'élever au-dessus du rang de dieux locaux qu'à partir du moment où il y a eu des *souten* en Égypte, c'est-à-dire avec ou après Mini. *Ropâït* est le titre des princes féodaux, celui qui marquait la plus haute dignité avant qu'il n'y eût des *souten*, des rois. Sibou était donc le maître des dieux au temps où le titre qu'il porte, *ropâït*, *ropâ*, servait à désigner le pouvoir suprême chez les hommes aussi bien que chez les dieux. C'est un dieu féodal en présence des dieux-Pharaons[2]. Il n'était le dieu principal d'aucune localité ; mais, comme les dieux-Terre et les dieux-

Cette erreur fut bientôt reconnue, mais la nationalité abydénienne d'Osiris n'en fut pas moins considérée comme établie par lui et par les égyptologues.

1) Voir de bons exemples dans Lanzone, *Dizionario*, p. 730 sqq.

2) Cfr. Maspero, *Études Égyptiennes*, t. II, p. 15-17.

Soleil du vieux type, il était adoré par la race entière. Son fils Osiris participe de sa nature générale. Il est, à proprement parler, l'homme né de la Terre et du Ciel, et il paraît parmi les autres hommes pour les instruire et les civiliser. C'est un souverain, *Hiqou*, qui servira de type à tous les autres souverains : sa vie est utile à ses sujets, et sa mort elle-même leur devient profitable. Leurs âmes, livrées à elles-mêmes, étaient condamnées à une prompte destruction dans l'autre monde : il les prend sous sa protection et les accueille dans le domaine qu'il s'est créé à lui-même, à la condition pourtant qu'ils n'auront pas suivi son meurtrier Sit, mais se seront rangés parmi les serviteurs d'Horus, *Shasou-Hor*. Tous les traits de cette tradition osirienne ne sont pas également anciens; le fond me paraît être d'une antiquité incontestable. Osiris y réunit les caractères des deux divinités qui se partageaient chaque nome : il est le dieu des vivants et le dieu des morts en même temps, le dieu qui nourrit et le dieu qui détruit. Probablement, les temps où, saisi de pitié pour les mortels, il leur ouvrit l'accès de son royaume, avaient été précédés d'autres temps où il était impitoyable et ne songeait qu'à les anéantir. Je crois trouver un souvenir de ce rôle destructeur d'Osiris dans plusieurs passages des textes des Pyramides, où l'on promet au mort que Harkhouti viendra vers lui, « déliant ses liens, brisant ses chaînes pour le délivrer de la ruine; *il ne le livrera pas à Osiris, si bien qu'il ne mourra pas*, mais il sera glorieux dans l'horizon, solide comme le Did dans la ville de Didou[1]. » L'Osiris farouche et cruel fut absorbé promptement par l'Osiris doux et bienveillant. L'Osiris qui domine toute la religion égyptienne dès le début, c'est l'Osiris Onnofris, l'Osiris Être bon, que les Grecs ont connu. Comme ses parents Sibou et Nouit, Osiris Onnofris appartient à la classe des dieux généraux qui ne sont pas confinés en un seul canton, mais qui sont adorés par un pays entier. La difficulté que je signalais plus haut se complique donc d'une difficulté plus grande. Non seulement la légende osirienne n'explique pas comment un nome a pu prendre un dieu des morts comme divinité suprême : elle nous montre encore qu'Osiris était un dieu universel et n'avait aucun motif de s'attacher à un point du sol de l'Égypte plutôt qu'à un autre. La solution de ce problème est pourtant des plus simples. Les

1) *Teti*, l. 233-235.

peuples anciens ne placent jamais bien loin d'eux le domaine de leurs morts : les Grecs connaissaient plusieurs entrées des enfers dans leur propre pays, en Arcadie, au Ténare, en Béotie, etc. Le royaume funèbre d'Osiris ne devait pas être, à l'origine, bien loin de son royaume vivant ; les Égyptiens ont pris soin de nous apprendre où il était. M. Lauth avait déjà dit que ce n'était pas simple effet du hasard si un canton du nome de la Basse-Égypte porte comme le séjour des âmes dans l'autre monde, le nom de *Sokhit Ialou*, champs d'Ialou. « Les Champs-Élysées des Égyptiens, de même que notre paradis, sont pour ainsi dire à double face : d'un côté on y voit le berceau de l'homme au jardin de Dieu, de l'autre, le but des âmes qui errent à la recherche du bonheur éternel... Je trouve la première de ces conceptions dans le séjour d'Horus aux marais de Bouto, la seconde dans le passage du Livre des Morts » (ch. cx), où est décrit le domaine d'Osiris[1]. Brugsch adopta, dans son *Dictionnaire géographique*[2], l'idée de M. Lauth, mais sans y attacher d'importance ; il la reprit, avec quelques modifications, dans son ouvrage sur la religion[3]. Je ne crois pas, quant à moi, que les Champs Élysées d'Égypte présentent le double caractère du Paradis judéo-chrétien, mais je pense que M. Lauth a eu grandement raison de reconnaitre, dans le canton d'Ialou de la géographie civile de l'Égypte, le site primitif des Champs d'Ialou qu'habitait Osiris. Les marais du Delta, situés à l'extrémité du pays, encombrés de joncs et de plantes gigantesques, semés d'îles entrevues de loin mais inaccessibles, étaient bien le séjour qui convenait à des morts[4]. Ce fut là que le corps d'Osiris fut transporté par le Nil, là qu'Isis conçut et qu'Horus naquit, là que les morts dévoués à Osiris et à son fils, les *Serviteurs d'Horus*, allèrent rejoindre leur maître. Busiris et Mendès, les villes bâties dans les environs de ce paradis terrestre,

1) Lauth, *Aus Ægyptens Vorzeit*, p. 53, 399.

2) Brugsch, *Dict. Géog.*, p. 61-62.

3) Brugsch, *Religion und Mythologie*, p. 175-176.

4) Voir la description que donnent des Boucolies les romanciers grecs. « L'eau forme des étangs qui restent quand le fleuve se retire. Seulement l'eau y est alors moins profonde et mêlée de beaucoup de vase... Les marais sont parsemés de quelques îles, inhabitées pour la plupart, mais couvertes de papyrus dont les touffes pressées laissent à peine passer un homme sous la voûte de leurs tiges et de leurs feuilles entrelacées... D'autres îles contiennent quelques cabanes, disposées en hameaux, avec le marais pour défense. » A. Tatius, *Leucippe et Clitophon*, édit. Quentin, p. 90-91.

étaient donc, par rapport aux villes du Delta, ce qu'Abydos étaient par rapport à Thinis, Saqqarah par rapport à Memphis, des cités mortuaires par lesquelles les âmes passaient de ce monde dans l'autre. On ne saurait s'étonner que ces villes mortuaires aient pris pour dieu local un dieu des morts : Osiris devint leur divinité principale, sans cesser d'être ce qu'il était auparavant, un dieu commun à tous les habitants du Delta.

Nous n'avons aucun témoignagne direct sur ce qu'était ce paradis, mais la description et les vignettes du *Livre des Morts* sont d'une nature si caractéristique que je ne doute pas qu'elles ne nous aient conservé, au moins dans l'ensemble, la topographie des Champs d'Ialou primitif. C'est un groupe d'îles, séparées l'une de l'autre par des canaux plus ou moins étroits et par des lacs plus ou moins profonds. Elles avaient chacune un nom qui nous a été conservé, et dont le sens n'est pas toujours facile à comprendre. Selon quelques-uns, elles étaient entourées d'un mur qui les rendait inaccessibles aux ennemis d'Osiris. Les idées de mérite et de justice n'avaient aucune part à l'admission des âmes en ce séjour : le privilège de la naissance et la faveur divine, gagnée par des présents et des formules mystiques, étaient les seuls titres au bonheur. Les morts du commun, demeurés sous terre, soit dans le tombeau même, soit dans un endroit indéterminé, ne sont plus que des formes vides et impalpables, sans passions, sans affections, sans autre raison d'agir qu'un désir insatiable de l'offrande matérielle qui les nourrit, leur rend la vie et les empêche de s'anéantir à jamais. « Grands dieux, s'écrie Achille, il subsiste donc de l'homme une âme et un fantôme, mais la conscience de la vie les a complètement abandonnés.[1] » Les morts égyptiens étaient dans le même état d'inanité que les morts grecs, et la peinture qu'on trace de leur condition rappelle la condition des ombres dans la Νεκυῖα d'Homère[2]. Seuls, les serviteurs d'Horus étaient admis à jouir d'une vie complète dans les Champs d'Ialou. Cette vie, pour être réelle, ne pouvait que reproduire les vicissitudes de la vie terrestre. Les serviteurs d'Horus devaient accomplir auprès de leur maître les mêmes actes qu'ils accomplissaient auprès de

1) *Iliade*, XXIII, 103-104.

2) Voir le chapitre que consacre à la Νεκυῖα, M. Girard, le *Sentiment religieux chez les Grecs*, 3ᵉ édition, p. 247-257.

Pharaon qu'ils avaient quitté : ils labouraient, semaient, récoltaient, pour remplir ses greniers, le nourrir et recevoir de lui le traitement que tout bon serviteur recevait de Pharaon pendant la vie. Du moins leur travail était-il soustrait aux mauvaises chances qui rendaient si précaire la condition du vivant : les blés y atteignaient une taille gigantesque et la récolte n'y manquait jamais. Inscrits sur les registres du Dieu, comme ils l'avaient été sur les registres du roi, ils étaient appelés à la corvée par Thot, chacun à son tour : le reste du temps, ils mangeaient, buvaient, jouaient aux dames, s'asseyaient à l'ombre des arbres, respiraient le vent frais du Nord, écoutaient les chants et regardaient les danses. Les Grecs, même ceux de la belle époque, n'avaient guère un autre idéal ; à la corvée près, leurs îles des bienheureux répondaient aux Champs d'Ialou. « Pour les bons, le soleil éclaire des jours que n'obscurcissent jamais les ombres de nos nuits ; dans les prairies empourprées de roses, ombragées par l'arbre qui produit l'encens, ils voient les bosquets se charger de fruits dorés. Les chevaux, les exercices du gymnase, les dés, la lyre se partagent leurs inclinations et leurs joies ; rien ne manque à l'éclat de leur florissante félicité[1]. » Les champs d'Ialou suivirent la même fortune que les îles bienheureuses des Grecs : ils se déplacèrent à mesure que l'on connut mieux la géographie de l'Égypte et des contrées environnantes. Ils partirent naturellement vers le Nord-Est, dans la direction qu'indiquait leur situation primitive. Plusieurs traits du mythe d'Osiris montrent qu'une de leurs premières étapes fut sur la côte de Phénicie. C'est en Phénicie, à Byblos, que le courant emporta le corps du dieu ; c'est à Byblos qu'Isis se réfugia, c'est à Byblos qu'abordait chaque année la tête en papyrus, jetée dans le fleuve par les prêtres d'Égypte. Je ne sais si, de Phénicie, les champs d'Ialou ne passèrent point sur la côte plus lointaine d'Asie-Mineure. Le certain, c'est qu'ils quittèrent bientôt la Terre pour s'élever au Ciel. Ils y prirent place au Nord-Est, comme il résulte du témoignage du *Livre des Morts*[2], dans le voisinage de la Grande-Ourse et des constellations boréales.

Ils y trouvèrent un terrain tout préparé à les bien recevoir. C'est presque un axiome pour l'école égyptologique, que les étoiles

1) Pindare, traduit par Girard, *Le Sentiment religieux*, 3e édit., p. 271.
2) Voir *Revue des Religions*, t., t. XV, p. 273 sqq.

ont joué un rôle secondaire dans la formation de la religion égyptienne. Comme nombre d'axiomes, celui-ci ne résiste pas à l'examen des documents. Tous les textes, surtout ceux des Pyramides, nous montrent la vénération que les Égyptiens avaient pour les étoiles : beaucoup des dieux qu'on s'est accoutumé à considérer comme étant des dieux solaires, ou bien sont des dieux stellaires à l'origine, ou se sont confondus avec des dieux stellaires. Sans insister sur ce point qui demande une étude spéciale, je me bornerai à rappeler qu'au témoignage même des écrivains classiques, les Égyptiens avaient placé un séjour des âmes dans les étoiles. On sait que les traditions de beaucoup de peuples considèrent la voie lactée comme étant le chemin des morts, et font de certaines constellations autant de paradis. « Les prêtres racontent que, non seulement le corps d'Osiris, mais celui des autres dieux qui ne sont ni éternels ni immortels, reposent sur terre après la mort et y sont adorés ; *quant aux âmes, elles brillent au ciel sous forme d'astres*, et celle d'Isis est appelée le Chien chez les Grecs, Sothis chez les Egyptiens, celle d'Horus Orion, et celle de Typhon la Grande-Ourse [1]. » Les monuments nous montrent, en effet, Soupti-Sothis assimilée à Isis, et Sahou-Orion identifié, non pas avec Hor, comme l'auteur grec l'affirme par erreur, mais avec Osiris. « Sahou, » est-il dit au zodiaque carré de Dendérah, « est l'auguste âme divine d'Osiris, » et ailleurs : « L'âme d'Osiris est dieu avec les étoiles, se levant éternellement sous forme de Sahou-Orion au ventre de Nouit, la déesse du ciel [2]. » Les tableaux astronomiques nous représentent les deux étoiles divines à côté l'une de l'autre. Sahou-Orion est un homme debout dans une barque. Il flotte devant Isis-Sothis, qui est debout dans une autre barque, lorsqu'elle a la figure d'une femme, mais se tient couchée lorsqu'elle a la figure d'une vache : « elle rayonne au ciel comme princesse (*hiqou*) des astres (*khabisou*) et protège son frère Sahou-Osiris sur sa route au firmament, sortant derrière lui de sa maison chaque dix jours [3]. » Ce rôle d'Osiris et d'Isis est bien connu, mais il me paraît ne pas avoir été également

1) *De Iside*, ch. XXI, édit. Parthey, p. 36; τὰς δὲ ψυχὰς ἐν οὐρανῷ λάμπειν ἄστρα, καὶ καλεῖσθαι Κύνα μὲν τὴν Ἴσιδος ὑφ' Ἑλλήνων, ὑπ' Αἰγυπτίων δὲ Σῶθιν, Ὠρίωνα δὲ τὴν τοῦ Ὥρου, τὴν δὲ Τυφῶνος Ἄρκτον.

2) Brugsch, *Astronomische Inschriften*, p. 10, n° 31, p. 83.

3) Brugsch, *Astronomische Inschriften*, p. 108-109.

bien compris dans toutes ses parties. On a dit que l'âme d'Osiris et d'Isis *résidait dans l'astre* même ; c'est une expression impropre et de nature à égarer le lecteur. Les astres ne sont pas pour les Égyptiens des corps célestes ayant des dimensions et une nature analogues à celles de notre terre : ce sont des *lampes* (*khabisou*) allumées au firmament, et une âme, pas plus qu'un dieu, ne réside dans une lampe. Les Égyptiens concevaient les dieux-étoiles comme certains pères de l'Église considéraient les anges chargés d'entretenir les astres : c'étaient des dieux lampadophores[1]. Au tombeau de Séti Ier, Isis-Sothis porte sa *lampe* sous forme d'étoile à cinq branches au-dessus de sa coiffure, et Osiris-Orion, la sienne au-dessus de son sceptre[2]. A Dendérah et à Edfou, où Sothis est une vache, la lampe-étoile brille entre les cornes de la vache[3]. Osiris et Isis, transportés au ciel, y retrouvèrent à côté d'eux Sit : c'était un hippopotame femelle immense. Tous les trois poursuivaient là-haut leur destinée commencée ici-bas ; le mouvement perpétuel des astres les entraînait et les ramenait chaque année. Nous connaissons peu, jusqu'à présent, ce côté de leur vie. Je crois reconnaître qu'Osiris-Sahou, comme son congénère grec Orion, était un chasseur sauvage et redoutable : du moins une formule des plus curieuses et que j'ai déjà traduite dans un de mes articles[4], nous montre le roi, identifié avec Osiris, en chasse à travers le ciel. A son aspect, « les étoiles se battent, les archers précipitent leur course, les os des dieux de l'horizon tremblent » ; l'Osiris paraît, prend les dieux au lasso, les fait cuire, les dévore, et l'Osiris, ici, c'est Sahou. Les âmes humaines qui avaient le privilège de survivre à la mort terrestre passaient au firmament et y faisaient cortège à leur maître Osiris : « elles se manifestaient au ciel, parmi les étoiles, parmi les Indestructibles[5]. » Elles s'identifiaient parfois avec Osiris lui-même, parfois avec Horus c'est-à-dire, puisque le mythe nous a ravi au ciel, avec Orion et avec l'étoile du matin, *Noutir douaou*. « La sœur de ce Pepi est Sothis, c'est la naissance de ce Pepi que *Noutir-douaou*, et Pepi est cette étoile [du matin]

1) Letronne, *Des Opinions cosmographiques des Pères de l'Église*, dans ses *Œuvres choisies*, 2e série, t. I, p. 400 sqq.
2) Lefébure, *le Tombeau de Séti Ier*, IVe part., pl. XXXVIII.
3) Brugsch, *Astronomische Inschriften*, p. 80.
4) Voir *Revue des Religions*, t. XII, p. 127 sqq.
5) *Pepi Ier*, l. 181 dans le *Recueil*, t. V, p. 190.

qui est sous le ventre de Nouit[1] » — « Tu es, [ô Pepi], cette étoile unique [l'étoile du matin] qui parais dans la région orientale du ciel[2]. » « Voici que le dieu vient à toi [Pepi] comme Orion, voici qu'Osiris vient à toi comme Orion..., lui de qui sa mère a dit : « Sois chair », lui de qui son père a dit : « Sois conçu au ciel, enfanté en l'abime », et qui a été conçu au ciel avec Orion, qui est né en l'abime avec Orion. Quiconque vit, vit selon l'ordre des dieux. Tu vis donc et tu sors avec Orion de l'Orient du Ciel, tu descends avec Orion de l'Occident du Ciel, et Sothis est la troisième avec vous[3] ». Celui qui est le troisième avec Orion-Osiris et Sothis-Isis, c'est Horus, étoile du matin ; on le voit représenté en effet, à Dendérah, lui troisième, entre Orion et la vache de Sothis[4]. C'est donc un fait bien établi, par les tableaux comme par les textes, que le dieu des morts Osiris a été conçu comme étant une étoile Orion, et les morts ses sujets, comme étant d'autres étoiles, les Indestructibles (*akhimou-sokou*), les Immuables (*akhimou-ourdou*). Cette conception découle naturellement de l'idée même qu'on se faisait d'Osiris. Osiris est, en effet, par définition, le fils de la Terre et du Ciel, du dieu Sibou et de la déesse Nouit. A la mort, ses deux parents se sont partagé son être : le corps est resté sur la terre, comme le dit la légende conservée au *de Iside*, et l'âme est allée au Ciel. Mais Nouit, s'étendant de nouveau sur son mari Sibou, conçoit de nouveau, et ce qui renait c'est Osiris : « Ta mère vient à toi, vient à toi Nouit, la grande modeleuse ; elle te purifie, elle te protège de sa protection, et tu bouges, tu es pur..., et on te rend tes os, tu reçois ta tête près de Sibou[5] ». Osiris mort à la terre et renaissant au ciel, c'est Sahou-Orion. Toutefois, le ciel entier n'appartient pas plus à Sahou que la terre entière n'avait appartenu à Osiris. Son domaine propre c'est l'endroit où il parait dans le ciel du Nord, c'est « cette région orientale du ciel, le lieu où les dieux naissent eux-mêmes et où il nait ses naissances avec eux[6]. »

1) *Pepi Ier*, l. 172 dans le *Recueil*, t. V, p. 186.
2) *Pepi Ier*, l. 157, dans le *Recueil*, t. V, p. 180.
3) *Pepi Ier*, l. 97-100 dans le *Recueil*, t. V, p. 172-173.
4) Brugsch, *Astronomische Inschriften*, p. 80.
5) *Pepi Ier*, l. 112-114 dans le *Recueil*, t. V, p. 175. Tout est dit du mort *Pepi* dans ce passage, mais comme le mort est Osiris, tout ce qui concerne le mort concerne nécessairement Osiris.
6) *Pepi Ier*, l. 171, 177, 179, etc.

Les scribes qui ont rédigé les textes des pyramides ont pris soin de bien préciser l'endroit, en nommant la constellation de la *Cuisse* (la Grande-Ourse) et « les quatre dieux qui sont sur les trônes d'Hor et s'appuient sur leurs sceptres à la région orientale du ciel.[1] » Ces quatre dieux, les quatre enfants d'Horus, sont mentionnés, en effet, dans les textes astronomiques d'époque postérieure, comme étant au ciel du Nord, dans le voisinage de la cuisse[2]. C'est donc vers le Nord-Est qu'on doit chercher le séjour des âmes stellaires, et même aujourd'hui, malgré les changements qu'ont pu apporter les siècles, si on regarde dans la direction que les Égyptiens ont indiquée, on est frappé de l'aspect que le ciel y présente. Les étoiles s'y pressent et la Voie lactée y est plus dense qu'ailleurs. C'est dans cette région que les Égyptiens placèrent les suivants d'Osiris et d'Orion, les âmes bienheureuses. Crurent-ils y reconnaître des groupes analogues aux îles dont se composaient leurs champs d'Ialou terrestres ? Je ne sais : l'œil humain découvre tant de formes précises dans les masses confuses du ciel qu'il a bien pu y trouver les contours de l'archipel des îles bienheureuses. Ce qu'il y a de certain, c'est qu'en passant de la terre au ciel, les champs d'Ialou prirent la place qu'occupait le domaine de Sahou-Orion. Ils s'étendaient du nord à l'est, entre la Grande-Ourse et la montagne de Bâkhou, d'où le soleil sortait au matin[3]. Leur topographie resta au ciel ce qu'elle était sur terre, et la condition des morts n'y changea point : les âmes continuèrent d'y moissonner leurs blés de sept coudées, d'y labourer, d'y naviguer, de s'y reposer tour à tour. Plus le paradis se détachait du sol, plus il restait fidèle à l'idéal qu'on s'était tracé de lui dans le temps qu'il était encore attaché au sol.

J'ai essayé d'écarter de cette étude toute notion se rapportant à un dieu des morts autre qu'Osiris, et je me suis borné, jusqu'à présent, à définir le rôle d'Osiris au marais et d'Osiris au ciel. Je ne puis pousser plus loin mes recherches sans rencontrer à chaque instant des allusions aux autres dieux des morts qu'Osiris avait absorbés en lui. Je laisserai de côté Sibou qui, de même que tous

1) *Pepi Ier*, l. 171.

2) Brugsch, *Astronomische Inschriften*, p. 121, sqq. Ils sont représentés dans Lefébure, *le Tombeau de Séti Ier*, IVe partie, pl. XXXVIII, en marche devant Orion et Sothis.

3) Voir *Revue des Religions*, t. XV, p. 275.

les dieux de la terre, a son rôle funéraire très développé : deux divinités surtout ont contribué à donner sa physionomie à l'Osiris complexe que nous connaissons, Sokaris et Khontamentit. Sokaris est le dieu des morts du culte de Phtah, et son domaine principal est Memphis[1]. Nous savons peu ce que Phtah a été : il est du nombre des dieux qui ont résisté le plus efficacement à l'invasion des conceptions solaires, et ce que nous entrevoyons de ses doctrines nous donne l'impression d'une divinité primitive. C'est bien certainement un dieu cosmique, un dieu-terre plutôt qu'un dieu-ciel : tout en ayant la forme humaine, il se tient en rapport perpétuel avec les hommes dans le bœuf Hapi. Les Égyptiens disaient d'Hapi qu'il renouvelait la vie de Phtah, en d'autres termes qu'il était un Phtah vivant, et ce caractère de dieu-bête me paraît bien être le caractère primitif de Phtah. Le dieu des morts attaché à Phtah, Sokari, représente l'une des conceptions les plus primitives de la mort. Il est « celui qui est sur ses sables », « celui qui est dans le coffret funéraire », et sa forme est celle d'une momie dont le visage et les mains découvertes ont la teinte verte ou bleue des chairs décomposées. Il est donc le dieu des morts qui vivent dans le tombeau, de ceux dont l'âme est, comme le corps, condamnée à rester enchaînée au cercueil, et ne va pas rejoindre les autres âmes dans un séjour spécial sur terre ou dans le ciel. Il est la forme morte de Phtah, comme le prouve l'identification très ancienne de Phtah et de Sokaris en un seul personnage, Phtah-Sokaris. L'identification de Sokaris ou de Phtah-Sokaris avec Osiris était d'autant plus facile à faire qu'Osiris lui-même avait été conçu jadis de la même façon, et avait été le dieu de ceux qui vivent sous terre. Le dieu triple, Phtah-Sokar-Osiris, ou double, Sokar-Osiris, n'apporta donc aucune idée nouvelle au dogme osiriaque, mais il rendit bien certainement une vigueur réelle aux vieilles idées qui s'y trouvaient et que la conception d'une vie future, passée en commun dans les marais ou dans les étoiles, tendait à rejeter au second plan sinon à faire disparaître. L'orientation du royaume de Sokaris n'était pas d'ailleurs la même que celle du royaume d'Osiris. Les fidèles d'Osiris, cantonnés dans les plaines du Delta, avaient choisi

1) Je dis Memphis pour la brièveté de l'expression. Sokaris régnait, comme on verra, du Fayoum au Delta. Memphis prit le culte de Sokaris et celui de Phtah, qui étaient certainement antérieurs à la fondation de la ville par Mini.

pour refuge de leurs âmes la seule partie du pays qui fût mal connue et peu accessible, le marais : ceux de Sokaris, resserrés entre les montagnes qui bordent la vallée, avaient choisi la montagne et le désert[1]. Les uns envoyaient leurs morts au Nord, les autres les envoyaient à l'Ouest. C'étaient deux données contradictoires qu'il s'agissait pourtant de concilier. La conciliation se fit grâce au concours d'un troisième dieu, Khontamentit. On n'est pas habitué jusqu'à présent à séparer Osiris de Khontamentit : il faut croire pourtant que l'idée n'est pas trop étrange puisqu'elle est venue à deux égyptologues en même temps, à M. de Rochemonteix et à moi. Elle est supportée par le témoignage des monuments. On n'a pas assez remarqué, en effet, la façon dont se groupent les épithètes dans les protocoles divins : elle est souvent significative et nous permet d'analyser la personne très complexe des dieux égyptiens. Dans son protocole royal, Osiris est appelé « l'Hor qui « divise en deux le monde (Osiris maître de Mendès), Khonta- « mentit dieu grand maître d'Abydos[2]. » L'ordre des épithètes est significatif. Osiris est appelé maître de Mendès, Khontamentit maître d'Abydos : Osiris est dieu des morts au nord, Khontamentit dieu des morts au midi, si bien que la réunion d'Osiris et de Khontamentit en un seul justifie le titre du début « l'Hor qui divise en deux le monde ». Si l'on poursuit sur les monuments cette recherche, que je ne puis qu'indiquer ici, on reconnaîtra que cette double attribution est des plus fréquentes, et que les Égyptiens n'ont oublié à aucune époque le lien qui rattachait les deux moitiés de leur dieu à deux localités différentes, la moitié Osiris à Mendès, la moitié Khontamentit à Abydos. Cette forme de nom *Khontamentit* « celui qui est à l'Ouest », n'a rien d'extraordinaire : on trouve des dieux Khontmiriti, Khontheserit, etc., dont le nom est construit sur le même modèle. C'est même ici l'un des cas où la méthode

1) Dans les tombes royales, une des routes de l'autre monde est appelée : « Route (var. : couloir, passage) de ceux qui entrent dans la *Vallée de Sokari, seigneur de ses sables* et guide, etc. ». (Lefébure, *le Tombeau de Séti Ier*, Ire partie, pl. XXIV). Une autre est la « Route mystérieuse qui conduit au pays de Sokari » (*Id.*, pl. XXVI), et le pays de Sokari est représenté (*Id.*, pl. XXVII-XXVIII) sous forme d'une enceinte elliptique *de sable* au milieu de laquelle est renfermé un serpent à trois têtes, l'une humaine, et à deux ailes, « Celui qui vit chaque jour de la magie de sa bouche. »

2) Lanzone, *Dizionario di Mitologia Egizia*, t. II, p. 730-799.

étymologique peut être employée avec sûreté pour expliquer le rôle du personnage : Khontamentit, « celui qui est dans l'Est », est, d'après certaines idées égyptiennes, un nom excellent pour un dieu des morts. Khontamentit était un dieu des morts dans le nom Thinite, où le dieu des vivants était un soleil Anhouri ou un soleil accouplé à un dieu cosmique Anhour-Shou : Khontamentit était Anhour mort, un soleil couché, un soleil à l'Occident. On voit comment l'adjonction de Khontamentit à la dualité de Sokar-Osiris concilia les données, contradictoires l'une à l'autre, que Sokaris et Osiris apportaient avec eux. Un soleil nait chaque matin à l'Orient, traverse le ciel, meurt chaque soir à l'Occident, au domaine de Sokaris. Son âme, reçue au ciel, le parcourt et va rejoindre au Nord-Est le domaine d'Osiris aux champs d'Ialou. Les âmes humaines suivent le même chemin que les âmes du soleil : elles vont à l'Occident dans le domaine de Sokaris, comme Khontamentit, et reviennent comme lui au Nord-Est dans les champs d'Osiris. Les autres dieux des morts, Anubis, Thot, etc., n'ont fourni aucun trait au caractère d'Osiris, mais sont venus se grouper autour de lui, et ont pris chacun un rôle secondaire à côté de lui, de ses femmes et de son fils. Ainsi, trois dieux différents à l'origine ont contribué à créer le dieu des morts que les Égyptiens de l'époque historique adoraient sous le nom d'Osiris, Sokaris, Osiris, maître de Mendès, Khontamentit, maître d'Abydos. Avec Sokaris, il reste sur la terre; avec Osiris, il passe au ciel dans les étoiles ; Khontamentit lui apporte l'élément solaire qui modifia si profondément la nature du culte qu'on lui rendait.

Voilà bien des préliminaires : l'étude analytique des dieux égyptiens et de leurs mythes a été tellement négligée jusqu'à présent qu'ils étaient nécessaires[1]. Ces principes une fois établis, nous comprendrons mieux quelle est la nature du lien que les Égyptiens ont établi entre le Soleil et le dieu des Morts : je l'ai déjà indiquée en déclarant que Khontamentit n'était que la forme morte d'Anhouri dans le nome d'Abydos, en d'autres termes et d'une façon plus générale, que le dieu des Morts d'Abydos n'était qu'un soleil mort. La liaison entre la destinée du Soleil et la destinée de l'homme était facile à éta-

1) Je ne puis ici donner les textes sur lesquels je me suis appuyé pour établir ma thèse : je les ai expliqués au Collège de France de 1886 à 1888, et ce que je dis ici n'est qu'un résumé incomplet de mon cours.

blir, non pas, comme on l'a prétendu jusqu'à présent, qu'on ait assimilé la vie humaine à la course du Soleil. Cette assimilation, qui nous paraît simple et presque enfantine, n'est pourtant pas de celles qui s'imposent aux peuples primitifs avec une complète évidence, loin de là. L'homme naît, meurt, disparaît et ne reparaît plus ; le soleil se lève, se couche, disparaît et reparaît le lendemain. Quel rapport y a-t-il entre la destinée d'un dieu qui se renouvelle sans cesse, et d'un être qui ne se renouvelle jamais? Pourtant, chaque jour de la vie du Soleil renfermait des péripéties assez semblables à celles de la vie de l'homme pour qu'on pût être amené à les comparer l'un à l'autre : les expressions que les Égyptiens employèrent quand ils instituèrent cette comparaison, montrent qu'en cela comme en tout, le dieu fut taillé sur le patron de l'homme et non l'homme sur le patron du dieu. La déesse Ciel, Nouit, conçoit (*aouou*), accouche, et le Soleil naît (*mosou*), le tout de la même façon que les femmes conçoivent et que les hommes naissent ; il vieillit, se courbe, s'appuie sur un bâton, à mesure que la journée s'avance [1], et quand il disparaît, on dit qu'il meurt, ou plutôt avec les euphémismes de rigueur, qu'il s'unit (*hotpou*), ou se joint (*khnoumou*), probablement à la terre. C'est donc chaque soleil qui est une vie d'homme et non chaque vie d'homme qui est un jour du soleil. Les hommes, après la mort, se divisent en leurs éléments. Le corps va à la terre, l'âme va rejoindre Osiris, au séjour où le dieu accueille ses fidèles, les serviteurs d'Horus, quel que soit d'ailleurs l'emplacement de ce séjour, sur terre ou parmi les étoiles : le mort humain devient un Osiris. Le Soleil éteint subit le même sort : son corps meurt, son âme va rejoindre Osiris et devient un Osiris comme l'âme humaine. Les mêmes dangers qui attendent l'âme humaine attendent l'âme solaire [2] ; quand elle les a surmontés, elle entre aux Champs d'Ialou et devrait y séjourner éternellement sous l'autorité d'Osiris. Mais ici la logique des choses entraîna les Égyptiens vers des spéculations nouvelles. Y a-t-il pour chaque jour un soleil nouveau, ou bien le même soleil éclaire-t-il tous les jours? Il semble bien que, dans certains textes, la déesse Nouit accouche

1) Voir le portrait du Soleil aux différentes heures du jour dans Brugsch, *Astronomische Inschriften*, p. 57.

2) Voir, sur le voyage de l'âme humaine, la *Revue des Religions*, t. XV, p. 281 sqq.

chaque jour d'un soleil[1], dont le corps est nouveau, mais dont l'âme est l'âme qui a servi à tous les soleils précédents. Ailleurs, au contraire, c'est le même corps qui, réuni à son âme, reparait chaque matin. Dans les deux cas le résultat était le même : le dieu sortait de la mort et rentrait dans la vie. Après avoir identifié la vie du Soleil à la vie de l'homme et Râ à Osiris pour un premier jour et pour une première nuit, il était bien difficile de ne pas aller plus loin et de ne pas les identifier pour tous les jours et pour toutes les nuits qui suivaient, c'est-à-dire de ne pas déclarer que l'homme et Osiris renaissaient chaque matin comme Râ et avec Râ. Le développement de la conception religieuse que je crois reconnaître comportait donc deux périodes successives : 1° Le Soleil est comparé à l'homme, meurt comme lui, devient comme lui Osiris ; 2° du moment que le Soleil est devenu un Osiris, puisque Râ renaît chaque matin, Osiris naît chaque matin avec Râ, devient Râ et l'âme humaine devient Râ comme Osiris. La preuve de cette transformation nous est fournie par des stèles funéraires de la XX° dynastie, sur lesquelles j'ai déjà attiré plusieurs fois, sans grand succès, l'attention des égyptologues[2]. Elles sont dédiées à *l'Ame instruite du Râ Pennoubou, Hâ, Khâmi*, selon le nom du personnage, ou même à *l'Osiris âme instruite du Râ tel ou tel*. Il est impossible de mieux trouver pour montrer à quel point certains Égyptiens de l'époque thébaine confondaient les destinées de l'âme humaine de Râ et d'Osiris. L'âme y est un dieu Râ qui ne meurt le soir que pour renaître le lendemain, et ce dieu Râ lui-même est un Osiris qui revient à la vie.

Examinons maintenant les deux livres et voyons comment les idées que je viens d'exposer y sont développées et mises en action. Le plus répandu était celui qui portait le titre de *Livre de ce qui est en l'autre monde* ou *Livre de savoir ce qu'il y a dans l'autre monde*. J'ai déjà dit ailleurs les raisons qui m'empêchent d'admettre l'existence d'un *ciel inférieur* en Égypte[3]. Le mot *Douaout* est intraduisible pour nous, qui avons sur la constitution de l'univers des

1) Nous verrons plus loin que le Soleil mort, Afou, est laissé, comme momie, dans l'autre monde, à la fin de la douzième heure de la nuit, et remplacé par le scarabée du Soleil levant.

2) G. Maspero, *Rapport sur une Mission en Italie*, dans le *Recueil*, t. III, p. 104-106.

3) Cfr. *Revue des Religions*, t. XV, p. 273 sqq.

idées différentes de celles des Égyptiens ; en disant *l'autre monde*, j'emploie de parti pris un terme assez vague pour ne donner aucune idée fausse au lecteur. A proprement parler, le *Douaout* était une région obscure, située au delà des limites du firmament terrestre, sur le même plan horizontal que le ciel, et séparée de lui par les montagnes qui resserraient notre terre de tous côtés. Ce royaume de ténèbres était séparé du royaume de lumière par une sorte de zone neutre qui comprenait à l'ouest et à l'est l'espace d'une heure, celle où le soleil étant couché, le jour se retire graduellement, celle où le soleil étant sur le point de se lever, le jour apparaît graduellement. Le *Livre de l'autre monde* traitait de cette contrée ténébreuse et des moyens de la parcourir. Le soleil mort, au moment où il y pénétrait, n'avait plus ses noms diurnes ; ce n'était pas une âme, comme l'a dit M. Lefébure[1], c'était un corps, ou plutôt un cadavre, le cadavre de Râ ou d'Hor, comme l'indique le nom *Afou*, la chair, qu'on voit partout tracé au-dessus de sa figure. Le cadavre du dieu solaire, accompagné de dieux mortuaires et du *double* d'un dieu cosmique, *Shou*, avait seul le droit de traverser le domaine de la mort, encore n'y réussissait-il que par incantations et arts magiques. Il accomplissait point pour point, chaque nuit, les cérémonies que Hor avait accomplies pour son père Osiris et qui avaient assuré l'immortalité à ce dernier. Hor avait voulu faire bénéficier de sa découverte les autres morts, dieux ou hommes, qui se déclaraient ses servants (*Shasou-Hor*). La *maison mystérieuse*[2] (*aït amonit*) que renfermait le Douaout, et où, je crois, que reposait le corps même d'Osiris, il en avait décoré les murs de tableaux représentant les dieux de chaque heure de la nuit, bons ou mauvais, et de textes où les particularités du voyage étaient décrites, où les noms des localités et de leurs habitants étaient énumérés, où les discours échangés entre le soleil, les morts et les dieux étaient reproduits tout au long. On savait quelles parties de ce livre étaient sur chaque paroi, si c'était sur celle du nord ou du sud, sur celle de l'est ou de l'ouest, on en avait copie, on espérait qu'en les retraçant fidèlement sur les murs de chaque tombe,

1) « The nocturnal sun was a soul, and had consequently the head of a male sheep. » *The Book of Hades*, dans les *Records*, t. X, p. 83.

2) *Aït amonit* paraît être un synonyme de *Shetait*, qui désigne le *cercueil*, le *tombeau*, et, par suite, le tombeau entier d'Osiris, l'autre monde.

« d'après le modèle peint dans la maison mystérieuse », on donnerait à l'âme humaine les connaissances nécessaires pour mener à bonne fin l'aventure de son voyage en l'autre monde. Le *Livre* avec ses tableaux était donc gravé dans les tombeaux et sur les sarcophages; transcrit sur papyrus, on en fournissait, vers la XXe dynastie, un exemplaire aux momies des gens dévots surtout des prêtres et prêtresses d'Amon-Râ. Il était long, dispendieux, exigeait trop de temps et d'espace; on l'abrégea. Un texte courant, où l'on ne mit que les renseignements indispensables, sans discours ni vignettes, remplaça le texte illustré des sept premières heures de la nuit dans la plupart des papyrus; le texte des cinq autres heures fut respecté, nous verrons plus tard pour quelle raison. Le tombeau de Séti Ier renferme à la fois l'*Abrégé*, que M. Lefébure préfère appeler le *Résumé*, et la rédaction illustrée des onze premières heures. Elles sont semées un peu au hasard à travers les salles, deux heures par ici, trois ou quatre par là. Les tableaux sont très soignés, les textes assez corrects, quoiqu'on en ait dit : l'exemplaire de Séti Ier devra, jusqu'à nouvel ordre, servir de base à toute édition critique du *Livre*. Je l'ai restitué et corrigé par endroits grâce aux exemplaires qui nous ont été conservés sur le sarcophage de Nectanébo Ier[1] et dans les papyrus de Paris, de Turin, de Boulaq, publiés par MM. Pierret[2], Lanzone[3] et Mariette[4]. Le texte avait été étudié par Champollion[5], puis par Birch[6], et traduit en grande partie par Dévéria[7], d'après le Papyrus du Louvre que Pierret a publié depuis. Dévéria mourut avant d'avoir achevé sa traduction : il l'avait menée d'ailleurs d'après un système de mysticisme à outrance, rendant par *mythe* le mot qui signifie *image, figure, tableau*, et négligeant les rubriques magiques dont le texte est semé. J'ai pensé qu'une traduction et une description

1) Dans la *Description de l'Egypte*, Antiquités, t. V, pl. XL-XLI. La *Description* renferme le fac-simile d'un papyrus contenant notre livre (*Ant.*, V, pl. XLIV) qui est aujourd'hui au Louvre (n° 3288).

2) Pierret, *Recueil d'inscriptions inédites du Musée égyptien du Louvre*, t. V, p. 103-148.

3) Lanzone, *le Domicile des Esprits*, Paris, Vieweg, 1879, in-folio.

4) Mariette, *les Papyrus égyptiens du Musée de Boulaq*, t. II.

5) Champollion, *Lettres écrites d'Egypte*, 3e édit., p. 193 sqq.

6) Birch, *The Papyrus of Naskhem*, grand in-8, Londres 1863.

7) Dévéria, *Catalogue des manuscrits égyptiens du Musée du Louvre*, p. 15-18.

rapides de cet ouvrage curieux seraient préférable à la meilleure analyse pour les lecteurs de la *Revue des Religions*. On a tant parlé, même entre égyptologues, des idées sublimes et des conceptions profondes qu'il était censé renfermer, que les lecteurs non égyptologues seront certainement désappointés en le lisant. C'est pourtant un document précieux pour l'histoire de la pensée religieuse, car on y saisit nettement les procédés employés par certains théologiens égyptiens pour essayer de concilier les théories opposées qui avaient cours sur l'autre monde, et sur la vie que les âmes y menaient en compagnie des dieux.

Le titre du livre, tel que le donnent le résumé et les papyrus, est assez simple. « Commencement de la Corne d'Occident, limite extrême des ténèbres concrètes[1]. » La *Corne d'Occident* (*Apit nte Amentit*) est une expression géographique analogue au Νότου κέρας des Grecs, par exemple, et servant à désigner la limite extrême du continent nocturne, comme Νότου κέρας désignait la limite extrême du continent africain. A la Corne d'Occident commençaient les *ténèbres concrètes* (*kakoui samoui*). Ce n'est pas sans intention que j'emploie *concret* pour traduire l'épithète *samoui*, litt. *assemblées*. Le mot *épais*, dont on se sert d'ordinaire, ne me parait pas rendre suffisamment la valeur du terme égyptien. Les anciens ont cru pendant longtemps qu'aux extrémités du monde, l'air s'épaississait de façon à former comme une matière concrète, irrespirable à l'homme, impénétrable aux rayons de la lumière[2]. Cette substance, dont Pythéas avait cru rencontrer les premières traces dans les brouillards de nos mers septentrionales et qu'il appelait le poumon marin, me parait être celle dont se composaient les ténèbres de l'autre monde égyptien. Quoiqu'il en soit de cette explication, le sens général du titre abrégé est fort clair : je n'en dirai pas autant du titre plus développé qu'on rencontre au tombeau de Séti Ier, en

1) Lefébure, *Tombeau de Séti Ier*, IVe partie, pl. XXIV, l. 1-2; Pierret, *Inscriptions*, p. 101; Déréria, *Catalogue*, p. 21. Le titre abrégé *Ta-Shâit ami-Douaout*, « Le livre de ce qui est dans l'autre monde », se trouve dans l'exemplaire publié par Denon, *Voyage*, pl. 137.

2) C'est à une conception de ce genre qu'appartiennent les gousses d'air feutré remplies de feu qui, d'après Anaximandre, formaient les étoiles (Zeller, *Histoire de la Philosophie*, Trad. Boutroux, t. I, p. 231-232); Anaximène faisait tout sortir de l'air par raréfaction ou par condensation (Zeller, *op. c.*, p. 248 sqq.).

tête de la première heure de la nuit[1]. Chaque membre de phrase y est répété deux fois, sur deux colonnes parallèles et en deux orthographes différentes, et les phrases sont réparties dans trois registres superposés ; toutefois, comme avec la meilleure volonté du monde, le texte ne fournit pas assez de matière pour couvrir l'entière surface de la muraille, la plus grande partie du registre médial est demeurée en blanc. Cet agencement nuit à la clarté de l'exposition, pas assez pourtant pour qu'on ne réussisse à reconstituer la suite des idées. « Écrits et tableaux de la maison mystérieuse où se tiennent les âmes, les dieux, les ombres, les mânes, et qui composent le *commencement de la Corne d'Occident de la montagne d'Horizon Occidentale, limite extrême des ténèbres concrètes de la montagne d'Horizon occidentale*, qui contiennent la connaissance[2] des âmes de l'autre monde, qui contiennent la connaissance des âmes mystérieuses, qui contiennent la connaissance des portes et des voies sur lesquelles voyage le Dieu Grand, la connaissance de ce qu'il y a dans les heures (de la nuit) et de leurs dieux, la connaissance de la marche des heures et de leurs dieux, qui contiennent la connaissance des hommages et services que ces dieux rendent à Râ, la connaissance des discours qu'il adresse à ces dieux, la connaissance des dieux bienveillants et des dieux destructeurs. » Où l'*Abrégé* se contente de donner le titre de l'ouvrage, la rédaction complète indique le détail des matières qui y sont exposées. Le livre est un véritable traité de géographie fantastique, le routier, ou plutôt, puisque le soleil voyage par eau, le portulan de l'autre monde. La situation des contrées y est décrite, le nom des princes, la nature des habitants, l'indication des portes à franchir et des chemins à parcourir. L'âme la plus ignorante ne pouvait manquer de faire une traversée heureuse, du moment qu'on lui remettait un guide aussi complet et aussi minutieux.

L'autre monde, le *Douaout*, est, comme l'Égypte, une vallée resserrée entre deux montagnes, coupée au milieu par un fleuve, l'*Oirounas* dont les eaux coulent de l'Ouest au Nord, pendant la moitié du trajet, pour redescendre ensuite du Nord à l'Est. Le livre des Portes le compare au corps d'Osiris recourbé en cerceau

1) Lefébure, *Tombeau de Séti Ier*, IVe partie, pl. XXIV, Champollion, *Notices*, t. I, p. 798.

2) Litt. « Qui connaissent la connaissance. »

et touchant de la pointe des pieds le sommet de son propre crâne; il n'avait donc pas plus de largeur par rapport au reste du monde, que le corps humain n'en a par rapport à sa longueur. Cette Égypte ténébreuse était partagée en douze régions correspondant à chacune des heures de la nuit et qui formaient chacune une contrée, *Sokhit*, une cité ou un nome[1], *Nouit*, un entrepôt ou cour bordée de chambres et de maisons séparées servant de magasin, de logis ou de prison, l'*ergastule* antique (*ârrit*), une sorte de salle voûtée, *qririt*, un *cercle*, pour employer l'expression de Dante. L'idée n'était pas nouvelle : deux chapitres du *Livre des Morts*[2] nous montrent le royaume d'Osiris divisé en entrepôts ou cours (*ârritou*). Toutefois le nombre de ces *ârritou* osiriens n'est que de huit, tandis que les *ârritou*, *nouitou*, *qriritou* de notre livre sont au nombre de douze, comme les heures de la nuit. Les théologiens avaient donc rajeuni une vieille conception, en y mêlant une conception astronomique empruntée à la division du jour et de la nuit en heures égales, c'est-à-dire empruntée au mythe solaire. Chacune de ces *cités* est représentée sur une partie de la muraille, au hasard et sans suite : le mort était censé se reconnaître aisément au milieu des peintures exécutées dans son tombeau. Les *cités* sont divisées en trois registres superposés, et souvent subdivisés eux-mêmes en registres secondaires : au milieu, le fleuve céleste, sur lequel la barque solaire flotte, en haut la rive gauche et en bas la rive droite, habitées par les dieux, les animaux, les êtres bons ou mauvais qui vivent dans l'heure. Le grand nombre et la figure étrange de ces personnages ont étonné les égyptologues, qui ont voulu leur reconnaître une valeur symbolique dont le sens profond échappe souvent à notre intelligence moderne. Plusieurs d'entre eux sont des dieux anciens, dont j'aurai plus tard à définir le rôle. Les autres sont ce que nous appellerions des génies et non des dieux, et forment la population réelle des régions d'outre-ciel. Je ne crois point, quant à moi, que les Égyptiens aient jamais eu la moindre idée symbolique en les créant. Du moment qu'ils avaient imaginé un autre monde, ils l'avaient imaginé peuplé, comme le nôtre, de dieux, d'animaux et d'hommes. Les

1) Cfr. sur la *nouit*, Maspero, *Études Égyptiennes*, t. II, p. 31 sqq.

2) *Le Livre des Morts*, ch. CXLIV, CXLVII, *édit.* Naville, t. I, pl. CLIV, CLXIII, CLXV sqq., et *Einleitung*, p. 171, 173, 176-177.

hommes n'étaient que la partie survivante des hommes terrestres, mais affaiblie par la mort : les dieux et les animaux étaient en partie bienfaisants, en partie malfaisants, comme les dieux et les animaux de notre terre. Le nombre de tous ces êtres était infini, comme celui des êtres qui peuplent notre monde, mais les Égyptiens ne s'étaient inquiétés de nommer et de dépeindre que ceux qu'ils supposaient devoir être en rapports directs avec leurs âmes et avec les âmes des dieux : de même chez nous, où, bien que les diables soient légions, on n'a attribué un nom et une personnalité qu'au petit nombre. L'existence de ces tribus extérieures au monde terrestre n'a donc rien que de naturel: ce qu'il y avait de factice en elle, c'est la forme et le nom qu'on leur donnait. Pour certaines, on avait ou on croyait avoir des indications suffisantes. Si les génies qui acclament le soleil couchant et lui ouvrent les portes de la nuit sont des cynocéphales, c'est que les singes ont l'habitude de jacasser une demi-heure durant, chaque soir, au coucher du soleil. Les tribus barbares affirment aujourd'hui encore qu'ils saluent le soleil et lui rendent un culte. Pour la plupart, ce genre de renseignement faisait défaut, mais, comme on savait qu'ils dévoraient l'âme, la déchiraient, la mutilaient, la mettaient en pièces, avec leurs ongles, avec des couteaux, avec des armes de diverses espèces, on leur avait donné des surnoms significatifs de ces actes et de tous ceux dont on les supposait capables : tels d'entre eux s'appellent *Donit*, la trancheuse, *Nokit*, la déchireuse, *Patiti*, le cabrioleur, *Shosri*, le piquier; etc. Comme les dieux des *Indigitamenta*, on dérivait leur nom de la fonction qu'ils étaient censés remplir. Le nom, de son côté, entraînait la forme : la *Trancheuse* et la *Déchireuse* étaient des femmes armées d'un couteau, le *Piquier* et le *Lancier* étaient des hommes munis d'un javelot. Les noms significatifs s'épuisaient vite; il fallait bien chercher des noms qui n'avaient plus de rapport avec la fonction exprimée, et alors la fantaisie se donnait pleine carrière. Les théologiens et les peintres égyptiens ont agi comme les théologiens et les peintres chrétiens qui voulaient décrire ou représenter l'enfer : ils ont cherché dans leur imagination les formes que la religion ne leur avait point révélées, mais les formes seules, car les êtres n'étaient que trop réels à leurs yeux.

La première heure était moins peuplée que les autres. L'*Abrégé* la décrit de la façon suivante : « Quand ce Dieu entre (étant encore) en terre, en l'*Arrit* de la Montagne d'Horizon Occidentale, c'est cent-vingt stades[1] de navigation qu'il fait en cette *árrit*, avant qu'il arrive aux dieux de l'autre monde[2]. *Nit-rî* (bassin de Râ), est le nom de cette première contrée de l'autre monde ; il y distribue des champs aux dieux qui l'accompagnent, et il commence à adresser à cette région les paroles qui règlent les destinées des dieux de l'autre monde. Quand on fait cela à l'image de ce qui est dans la maison cachée de l'autre monde, quiconque sait que ces tableaux sont une reproduction du dieu grand lui-même, cela lui sera utile sur terre, en vérité, et cela lui sera utile aussi en l'autre monde. *Oushmit hâitou Khoftiou Râ* (celle qui broie les fronts des ennemis de Râ) est le nom de la première heure de la nuit qui guide ce Dieu Grand en cette *árrit*[3]. L'édition illustrée, reproduit, en le délayant, le texte de l'*Abrégé*. C'est d'abord une indication générale reproduite en deux orthographes différentes, à la suite du titre : « Quand ce dieu entre (var. : « Quand les dieux « entrent ») en cette *árrit* Occidentale de la Montagne d'Horizon, se trouvant en un canton de cent-vingt stades, lorsque sa barque est arrivée aux dieux de l'autre monde, il voyage en suivant (Var., « au « nord de ») l'Oirounas.[4] » Le tableau représente, ainsi que l'annonce le titre, le domaine de la première heure de la nuit. La bande médiane, l'Oirounas, est divisé en deux registres secondaires. Le premier renferme la barque du soleil après midi, la Saktit, reconnaissable au tapis frangé qui décore la proue. Le soleil mort, *Afou*, à corps humain et à tête de bélier, est debout dans la cabine[5]. A

1) Le Papyrus du Louvre donne ici la variante : « Après que la Majesté de ce Dieu Grand s'est joint à l'Oirounas, c'est trois cent neuf stades de longueur qu'a cette contrée, et cent vingt stades de largeur. »

2) Lit. : « Point n'atteindre lui aux dieux de l'autre monde. »

3) Lefébure, *le Tombeau de Séti Ier*, IVe partie, pl. XXIV-XXV, l. 3-22; Pierret, *Inscriptions*, p. 104-105 ; Déveria, *Catalogue*, p. 21-22.

4) Lefébure, *le Tombeau de Séti Ier*, IVe partie. pl. XXIV; Champollion, *Notices*, t. I, p. 798, où le texte est plus complet que dans Lefébure. Les variantes de la seconde colonne sont évidemment fautives.

5) J'ai déjà dit plus haut (p. 272 et note 1) que le dieu était un cadavre *Afou*; il ne peut donc avoir reçu la tête de bélier, parce qu'on le considérait comme étant une âme, ainsi que le voudrait M. Lefébure (*The Book of Hades*, t. X, p. 83). Le bélier, en tant qu'animal sacré, était le corps où allait se loger l'âme de l'Osiris, à Mendès, et des autres dieux morts identifiés à Osiris; c'était le support de l'âme osirienne. Il était donc naturel

l'avant, Ouapouaïtou, le *Guide des chemins célestes* pendant le jour, surveille l'horizon; derrière lui, on aperçoit *Sa*, le savant, le pilote de tête, qui connaît les courants, les bancs de sable, l'aspect de la côte, puis *Nibit-oua*, la patronne de la barque, coiffée comme Hathor. L'arrière est occupé par *Har-hakonou*, Hor le crieur, le capitaine d'armes du bord, par *Ka-Shou*, le double du dieu Shou, par *Nahsou*, le veilleur, par *Hou*, le pilote de queue qui répète au timonier *Kharp-oua*, le directeur de la barque, les indications de *Sa*, transmises par *Har-hakonou*. L'équipage actif, ainsi constitué, changera peu au cours du voyage. La barque est précédée d'une longue procession de dieux, les deux Màit (Vérités) avec leur plume sur la tête, *Noknouf* (le découpeur), armé d'un couteau, *Khontamenti* en forme de momie, *Sokhit*[1] à tête de lionne, *S-haz oïrou* (le grand inspecteur), à tête de bélier, quatre cippes à tête humaine qui représentent autant d'images parlantes du soleil, animées chacune par une de ses quatre âmes et nommées *Ouz-mouti Ra*, le porte-paroles de Râ, *Ouz-mouti Toumou*, le porte-paroles de Toumou, *Ouz-mouti Khopri*, le porte-paroles de Khopri, *Ouz-mouti Osiri*, le porte-paroles d'Osiris; le gardien des heures, *Sa Ounnoutou* marche en tête avec un serpent. La légende qui court horizontalement au-dessus de cette scène explique les détails. « Arrivée de ce dieu dans la barque Saktit[2], navigation en l'*drrit* de cette cité, dont la longueur est de deux cent vingt stades qu'il parcourt en suivant l'Ourounas, et dont la largeur est de trois cents stades : il distribue des champs aux dieux qui le suivent[3]. *Nitri*

qu'on donnât au Soleil mort et devenu un Osiris le corps qui servait de support à l'âme de l'Osiris réel. J'ajouterai que, le même fait étant vrai de toutes les âmes osiriennes, le bélier finit par devenir, comme l'oiseau, le représentant sensible de la survivance humaine, et par avoir le sens d'*âme*. L'interprétation de M. Lefébure n'a donc rien d'invraisemblable en elle-même et serait très bonne, si les théologiens, pour prévenir tout mécompte, n'avaient pris soin d'appeler le Soleil mort *Afou*, la chair, et *Afou-Râ*, la *chair de Râ*.

1) Var. *Sokhmit*.

2) Le texte de Champollion, *Notices*, t. I, p. 438, devrait se traduire : « Le nom de cette contrée est Màïti. » J'ai suivi le texte fourni par le sarcophage de Nectanébo (*Description, Ant.*, t. V, pl. 41, 5) confirmé par celui de Séti Ier : le signe de la négation a été mis par erreur pour celui des jambes.

3) Les deux éditions de Lefébure (pl. XXV) et de Champollion, *Notices*, t. I, p. 438, portent ici les mêmes fautes, qui sont le fait des dessinateurs antiques et non des copistes modernes.

est le nom de cette contrée; *Ari-nibaoui* (gardien des deux flammes), le nom de son gardien. Ce Dieu commence à adresser à cette région les paroles qui règlent les destinées des dieux de l'autre monde[1]. » Le second registre de la bande médiale porte également une barque, mais une barque sans tapis d'avant. Un gros scarabée est debout au milieu, entre deux hommes accroupis qui lèvent leurs mains vers lui. C'est une forme d'Osiris comme l'indique la légende *Khopri-ni-Osiri*, tracée au-dessus : elle vient au devant du soleil pour le convoyer à travers le domaine de l'heure. Trois serpents : *Sak-ro*, *Safl*, *Nipoun*, et six génies armés de serpents, trois à tête humaine, trois à tête d'épervier, marchent devant la barque, sous la conduite d'un génie *Nabiti*, armé des deux crochets, des deux *Nît* du Midi et du Nord et d'une déesse stellaire, *Arrit*, la Chèvre. La légende placée au-dessus de ces personnages est, comme la précédente, une paraphrase des termes de l'Abrégé. « Cette *drrit*, ce Dieu grand la traverse en forme de bélier et se transforme; puis quand il a traversé cette *drrit*, les morts qui sont derrière lui ne montent point [avec lui dans les autres heures], mais ils restent tenus en cette *drrit*, et il adresse la parole aux dieux dans cette *drrit*. Si l'on fait cela selon les formules de la maison mystérieuse, à l'image de ce qui est ordonné dans la maison mystérieuse, c'est utile pour l'individu qui le fait[2]. » La légende ne s'applique pas qu'à cette première heure, elle a trait à tout ce qui concerne la nuit entière. Elle affirme que le soleil se transforme en bélier au moment où il pénètre dans l'autre monde, et en effet, le soleil est un dieu, Afou, à tête de bélier. Elle affirme encore que les morts entrés dans l'autre monde à la suite de Râ, ne passent pas dans les autres heures à la suite du dieu, mais s'établissent dans la première heure et y restent. Les morts en question sont ceux qui allaient attendre à la *Bouche de la Fente*, l'arrivée de la bari solaire[3] et qui entraient avec elle dans le Douaout où sont les morts du com-

1) Lefébure, *le Tombeau de Séti Ier*, IVe partie, pl. XXV-XXVI; Champollion, *Notices*, t. I, p. 438-439.

2) Lefébure, *le Tombeau de Séti Ier*, IVe partie, pl. XXV-XXVI; Champollion, *Notices*, t. I, p. 800. Les deux copies sont incorrectes, tant du fait des dessinateurs anciens que des modernes; elles se complètent et se corrigent l'une par l'autre.

3) Cfr. Maspero, *Etudes égyptiennes*, t. I, p. 115, où est donné le texte de la formule qui nous apprend ces faits.

mun : les morts royaux et ceux qui connaissaient le livre obtenaient la faveur de monter dans la barque et d'accomplir le voyage en compagnie et sous la protection de l'équipage divin. Les génies échelonnés sur les deux rives ne sont pas tous des habitants de la première heure. Quelques-uns sont placés comme en faction à l'entrée et ne pénètrent pas plus loin, les autres se joignent à l'escorte du dieu et l'accompagnent jusqu'à la limite opposée de l'heure, puis reviennent promptement à leur poste : aussi le texte de l'*Abrégé* nous dit-il formellement que le soleil mort parcourait les cent vingt stades de la région, avant de rencontrer les divinités de l'autre monde. Deux premiers groupes, de neuf cynocéphales chacun, se présentaient d'abord à ses regards : en haut « les dieux qui ouvrent à la Grande-Ame », les portes de l'Occident, en bas ceux qui chantent « les louanges de Râ quand il entre dans l'autre monde, » tous avec leurs noms écrits auprès d'eux, en deux orthographes différentes. Tandis que ces bons singes exécutaient leur consigne, un changement s'opérait sur la barque. Le soleil vivant avait à côté de lui pendant le jour douze déesses[1], une pour chaque heure de lumière, qui « l'acclamaient sur terre, » elles sont figurées au registre supérieur. Arrivé dans le royaume de la nuit, il substituait à ces déesses dont les services lui étaient désormais inutiles, douze uræus qui vomissaient la flamme et qui avaient pour fonction « d'éclairer les ténèbres dans l'autre monde ». Cette opération était compliquée d'une autre opération double également. Deux bandes de neuf génies reprenaient et prolongeaient le chant des cynocéphales : en haut, trois hommes à tête de crocodile, trois à tête d'épervier, trois à tête humaine « adoraient Râ ; » en bas, neuf génies à tête humaine, debout, les bras levés « adoraient *Nib-psitou,* » le maître de l'Ennéade divine[2], en d'autres termes, le soleil. A côté d'eux, le tableau nous montre deux nouveaux groupes de douze déesses : en haut, « les déesses qui guidaient le dieu grand » chacune à son tour, les douze heures de la nuit ; en bas, les déesses qui acclament Râ dans ses voyages à travers « l'Oirounas, » une pour chaque heure de la nuit, et qui font pen-

1) *Noutritou sansiou âmi-tô.*

2) Les variantes phonétiques que j'ai trouvées dans le texte des pyramides montrent qu'il faut lire *psitou* dans certains cas, et, dans certains autres, *paoutitou*, le nom du chiffre 9 et de l'Ennéade divine.

dant aux déesses qui louaient le dieu, pendant le jour[1]. Nous savons, par les textes et par les tableaux[2], que les cynocéphales et leurs compagnons vivaient sur la limite du jour et de la nuit, et qu'ils appartenaient aux deux mondes. Les textes ne nous disent pas ce que deviennent les quatre groupes de douze déesses, mais tout nous prouve qu'elles faisaient partie de l'équipage permanent de la barque divine : chacune d'elles avait son heure de quart pendant laquelle l'une éclairait, l'autre pilotait, la troisième acclamait le soleil. Les déesses de jour ne reprenaient leur service que le lendemain matin et se reposaient la nuit durant.

Voilà pour la première heure ; les onze autres sont ordonnées de la même façon. Le soleil mort voyage à travers l'autre monde de la même façon qu'un Pharaon parcourant ses États. L'équipage de sa barque est composé comme l'équipage de la bari royale, et la conduite du dieu est calquée sur la conduite du Pharaon. Les textes historiques nous parlent parfois du souverain « qui vient, écrasant le mal, se levant comme Toumou lui-même et restaurant ce qu'il avait trouvé en ruines, prenant l'administration de chaque cité l'une après l'autre, faisant connaître à chaque cité ses frontières d'avec la cité voisine et dressant leurs stèles-frontières durables comme le ciel, répartissant leurs eaux selon ce qui était dans les livres, réglant l'impôt suivant l'évaluation du produit[3]. » C'est dans une tournée de ce genre qu'Amenemhâît Ier avait donné la principauté de Mônâît-Khoufou au père de la mère de Khnoumhotpou, et dans une autre tournée qu'Amenemhâît II avait confirmé en faveur de Khnoumhotpou la donation faite par son prédécesseur. L'opération est décrite en termes légaux : « Le roi me fixa une stèle de limite au midi, dressant celle du nord durable comme le Ciel, il fixa la frontière occidentale au milieu du bras du Nil. » Voilà qui explique les singulières expressions dont notre texte se sert pour caractériser les actions du Soleil dans chaque heure. Le Soleil, lui aussi, parcourt la nuit, en « adressant à chaque région les paroles qui règlent les destinées des dieux de l'autre monde ». Il « écrase le mal », il punit ses ennemis en les

1) Lefébure, *le Tombeau de Séti I*[er], pl. XXV-XXVI ; Champollion, *Notices*, t. I, p. 437-440, 799-801, *Description Ant.*, t. V, pl. XLI, 5.

2) *Livre des Morts* (*édit.* Naville), ch. xv, pl. XXI-XXII, où les cynocéphales et les génies sont représentés en adoration devant le Soleil couchant.

3) Maspero, *la grande Inscription de Béni-Hassan*, dans le *Recueil*, t. I, p. 162.

livrant aux dieux cruels, en ordonnant de les torturer, de les anéantir, et nous verrons les supplices qu'il leur inflige. Ses fidèles, il les récompense en leur « distribuant des champs », c'est-à-dire en créant ou en enrichissant, dans chaque heure de la nuit, une féodalité analogue à celle que Pharaon créait ou enrichissait dans chaque nome, à chacun des voyages qu'il exécutait en Égypte. Tout cela s'accomplissait, là bas comme ici, à grand renfort de discours éloquents : le Soleil parlait, les dieux répondaient, la foule hurlait. Le travail de répartition est en pleine activité dès la seconde heure. « La Majesté de ce Grand Dieu poursuit son voyage dans l'Oirounas[1] : quatre cent vingt stades en longueur a cette contrée (où il pénètre), cent vingt en largeur. *Biou-touatiou* (Ames de l'autre monde) est le nom des dieux qui sont dans cette contrée. Quiconque sait leurs noms et est avec eux, ce dieu grand lui donne un champ au lieu où ils sont de cette contrée d'Oïrounas, [si bien qu']il se tiendra auprès des dieux debout, qu'il voyagera à la suite de ce dieu grand, entrera au monde terrestre, pénétrera dans l'autre monde, il ouvrira la chevelure des dieux porte-tresses[2], il passera sur le dos du Serpent Mangeur d'âne[3]; dès après la répartition des champs disponibles[4], il mangera les pains destinés à la barque de la terre[5], et on lui donnera les parfums de Tatoubi[6]. Si

1) Ce n'est qu'une paraphrase de la formule égyptienne : *Hotpou mkhet an honou ni noutir pen da m Oirounas*, lit. : « Se joint après la majesté de ce dieu grand dans l'Oïrounas. » Je l'emploierai partout pour ne pas fatiguer le lecteur par la phraséologie égyptienne.

2) Les dieux porte-tresses sont les quatre enfants d'Hor, dieux des points cardinaux et dieux des quatre étoiles qui avoisinent Orion dans les tableaux astronomiques : comme tous les princes royaux, ils ont la tresse de cheveux pendante sur l'oreille droite.

3) Le serpent mangeur d'âne est le grand serpent que les vignettes du *Livre des Morts* (ch. XL, édit. Naville, pl. LIV) nous représentent occupé à dévorer l'âne de Typhon. Comme il était dangereux pour les âmes des morts et pour le Soleil lui-même, c'était une faveur réelle que passer sur son dos sans être inquiété par lui.

4) Lit. : « Après le terrain vide (*Shouti*, ψιλότοπος des documents ptolémaïques) réparti. »

5) Le sens de la locution est incertain. Dans le *Livre de l'Enfer* le nom *barque de la terre* est donné à un emblème spécial que je décrirai plus loin. Il est probable que ces mots désignent ici la barque du Soleil qui arrive de terre.

6) Le nom *Tatoubi* est formé comme celui de *Tatounen*, et peut-être désigne-t-il Phtah, comme ce dernier; mais ceci n'est qu'une conjecture.

l'on exécute ces *Biou-douatiou* en peintures à l'image de ce qui est tracé sur les maisons mystérieuses de l'autre monde, — les tableaux commencent à l'ouest[1], — et qu'on leur fasse des offrandes sur terre en leurs noms, cela profitera au mort, en vérité, des millions de fois. Si l'on sait les paroles que disent les dieux de l'autre monde à ce dieu, et les paroles que leur dit ce Dieu grand, cela sera utile même sur la terre, en vérité. Le nom de l'heure de la nuit qui guide ce Dieu grand en cette région est *Shosaît mâkit nibou-s* (l'habile à défendre son maître[2]). » Le tableau[3] nous montre le dieu descendant le cours de l'Oirounas : l'équipage de la barque est toujours composé des mêmes dieux que pendant la première heure, mais les deux uræus jumelles Isis et Nephthys sont lovées à la proue et veillent à la sûreté du dieu. Quatre bateaux plus petits précèdent la bari, de véritables bateaux-fées, qui se meuvent d'eux-mêmes et sont ornés, aux deux extrémités, de têtes marquant la nature du dieu qui les anime. Celui qui ouvre la marche a deux têtes d'homme ; il porte un disque solaire, monté sur un support, et une plume de vérité que tient en équilibre un dieu agenouillé, « celui qui étaie la Plume de Vérité. » Le bateau suivant est décoré également de deux têtes d'homme, mais couronnées des plumes d'Amon : un gros scarabée veille à l'avant, un sistre gigantesque est dressé au milieu, en guise de mât, sous la garde de deux femmes. La troisième barque est décorée à l'avant de la couronne blanche, à l'arrière de la couronne rouge : au milieu, la tête d'Osiris est posée sur le dos d'un lézard gigantesque, entre les deux sceptres des chacals guides des voies du Nord et du Midi. La dernière a pour ornements deux uræus : une femme sans bras est accroupie au milieu, entre deux hommes sans bras, mais debout, flanqués chacun d'un objet où je crois reconnaître un gros épi. Comme dans la première heure, c'est Osiris qui accueille et convoie son sujet nouveau, le Soleil mort : le dieu du grain *Napirou*, qui est dans ce cas une forme secondaire d'Osi-

1) L'incise *hâit skhaou r Amenti* n'est introduite en cet endroit que pour rappeler l'ordre dans lequel les peintures et les écritures devaient être examinées.

2) Lefébure, *le Tombeau de Séti Ier*, IVe partie, pl. XXV-XXVI, l. 23-40, XXVIII-XXIX, l. 41-61 ; Pierret, *Recueil d'inscriptions*, t. I, p. 105-106 ; Dévéria, *Catalogue*, p. 22.

3) Lefébure, *le Tombeau de Séti Ier*, pl. XXIX-XXXI, IVe partie.

ris, et qui paraît être le dieu principal de cette deuxième heure, figure avec honneur dans la procession. Les dieux habitants de l'heure sont rangés en file sur les deux rives. Ceux du registre supérieur ont le rôle terrible et les noms redoutables, la *Mangeuse d'impies*, le *Coupeur d'ombres*, etc. La plupart de ceux d'en bas ont un caractère pacifique : ils tiennent un épi à la main ou ont la tête ornée de deux beaux épis. Dès l'entrée, le dieu adresse la parole à tout ce monde, dans un discours qui est malheureusement assez mutilé. « La Majesté de ce dieu se dresse debout, après qu'il est arrivé à cette *ârrit*, et il parle aux dieux qui sont en elle. Ouvrez-moi vos portes, donnez-moi accès à vos *ârrit*, éclairez-moi, guidez-moi, afin que [vous] soyez de mes membres[1], pour que je vous donne à vous de mes corps, pour que je vous fabrique de mon âme, pour que je vous crée de mes opérations magiques, car je suis venu pour me venger moi-même par le sang, par les membres de mes [ennemis], pour anéantir...[2] Ouvrez-moi de vos propres mains, ô Cynocéphales bondissants, donnez-moi accès à vos *ârrit*, ô cynocéphales bondissants, [accueillez ces dieux ?] qui sont de mes âmes divines, soyez bienveillants pour Khopri (le Soleil) qui est est en l'autre monde[3]. Tenez-vous debout [devant moi] comme chefs que vous êtes des bords mystérieux, et faites [don] aux habitants de l'autre monde [qui sont destinés] à [cette] prison [des demeures de] vos demeures, des champs de vos champs. » Voilà le premier de ces discours que le Soleil-Pharaon adressait aux dieux de chaque heure, et dans lesquels, tout en leur rappelant qu'ils tiennent tout de lui, il leur demande de vouloir bien concéder une partie de leur domaine à ceux de ses fidèles qui sont dévoués au dieu Khontamentit et qui sont destinés à s'établir dans cette partie du royaume de la nuit. « Les dieux de cette région à Râ, faisant leur cour au dieu grand : « Voici qu'elles te sont ouvertes les [portes des régions mystérieuses] voici qu'elles

1) *Khopir-[tenou]m hdou-i*, etc., en d'autres termes pour que vous soyiez des miens, créés par moi, et pour que vous jouissiez des bienfaits que j'accorde aux miens.

2) Ici se trouve un membre de phrase que je ne comprends pas, mais qu renferme probablement une allusion aux formes diverses d'Osiris qui précèdent la bari solaire, chacune sur sa barque.

3) *Khopir-tenou khopir-tenou ní Khopri*, etc. Lit. : « Soyez votre être pour « Khopri, » avec une altération intraduisible en français.

te sont ouvertes les portes de l'autre monde! Eclaire les ténèbres...[1]. » Évidemment ils accordaient au soleil tout ce que le soleil leur demandait. « Ceux qui sont en ce dessin, ils adorent ce Dieu grand [2] », dit l'inscription tracée au-dessus d'eux au premier registre, « après qu'il est arrivé vers eux. C'est leur voix qui le guide vers eux et ils gémissent quand il les dépasse après leur avoir adressé la parole; ce sont ces dieux qui font monter vers lui les paroles de ceux qui sont encore sur terre, ce sont eux qui amènent les âmes à leur forme [3]. Leur rôle est de faire fabriquer les tributs de la nuit et de faire les massacres en leurs heures [4]; ce sont eux qui gardent le jour et conduisent la nuit jusqu'au moment où ce dieu grand sort des ténèbres concrètes pour pénétrer en cette *arrit* de la montagne d'horizon orientale du ciel. Ils crient vers ce dieu grand et hurlent de douleur vers lui, lorsqu'il les laisse derrière lui [5]. Quiconque les connait sort pendant le jour et se dirige de nuit aux quartiers de la grande cité [ténébreuse]. » Cependant les dieux du registre inférieur, parmi lesquels sont les âmes, accourent, tenant à la main leurs pousses de palmiers, marques des saisons et des années. signes de renouvellement indéfini : « Ceux qui sont dans ce dessin, ils donnent à ce dieu grand leurs saisons, ils donnent les années qui sont en leurs mains [6]. Quand ce dieu grand leur a adressé des paroles, ils lui parlent, ils vivent de sa voix, leurs gosiers respirent, car en leur parlant il leur dit ce qu'ils doivent faire, il leur donne en présent l'abondance de leurs céréales en leurs contrées, et eux ils approvisionnent des légumes verts de l'Oirounas les dieux qui sont à la suite de Râ, ils présentent de l'eau aux mânes selon l'ordre de ce dieu grand, ils brûlent de flammes afin de consumer les ennemis de Râ, jetant les cœurs au feu. Ils crient et ils gémissent lorsque ce dieu les laisse derrière lui. *Am-*

1) Lefébure, *le Tombeau de Séti Ier*, IVe partie, pl. XXVIII; *Description Ant.*, t. V, p. 41, 5.

2) [*Dou*]*a-sen noutir pen da.*

3) Lit. : « Qui font monter les âmes à leurs formes », c'est-à-dire qui leur donnent les biens nécessaires à la vie que le Soleil a demandées pour elles.

4) *Khiritou* est traduit d'après la version de Nectanébo Ier, où il a l'homme renversé pour déterminatif.

5) *Apapou hi senou.* Lit. : « il voyage sur eux. »

6) Le commencement de ce discours a été rétabli d'après la version de Nectanébo Ier.

nibaoui (celui qui est dans la double flamme)[1] est le gardien de cette région ; quiconque le connait est un mâne muni [de ses enchantements] et ces dieux le protègent[2]. Quiconque sait cela traverse la grande cité de la barque de Râ[3]. » Le colloque de ces derniers dieux, ou plutôt de ces âmes et du soleil, nous est conservé par la longue inscription en colonnes verticales qui termine le tableau. Les dieux invoquent le soleil sous son nom d'Afou, sans que je rencontre dans leurs paroles aucune expression digne d'être remarquée. Le langage du dieu est plus expressif. « Ce dieu grand aux dieux de l'autre monde qui sont dans l'Oirounas : Ouvrez vos portes mystérieuses pour que la vue d'Afou chasse vos ténèbres, pour que vous ayez vos eaux de l'Oirounas et vos offrandes de pains. . . . . pour que vienne l'air[4] à vos nez, si bien que vous ne soyez étouffés, ... pour que vous écartiez vos linceuls, et leviez vos pieds afin de marcher sur eux, pour que vous étendiez vos bras pour vous, et que vos âmes ne soient point écartées de vous. Vous dont la forme est vivante et qui prononcez vos formules, vous qui êtes armés de vos épées et taillez en pièces les ennemis d'Osiris, vous dont les saisons sont durables, dont les années sont établies solidement, et qui existez [votre] existence [en] vos heures, demeurez en vos champs, avec votre orge pour pains et pour gâteaux, et votre blé en marque que vous avez la voix juste, et éloignez-vous de mes barques, écartez-vous de [mes] formes [pour] donner la vie à [cette] contrée, car vous êtes les habitants de l'Oirounas. Mon âme vit comme si elle était l'un de vous ; comme vous combattez pour moi, et que vous me défendez contre Apopi, vous avez vie par mon âme, vous respirez par mon corps, vous conservez perpétuellement vos demeures secrètes qui vous ont été attribuées pour que vous y soyez, vous montez vers vos âmes pendant le jour, vous êtes derrière moi dans l'autre monde, quand je traverse la nuit et que je lutte contre les ténèbres; faites que j'arrive vers l'horizon et

1) Il est représenté à la planche XXX veillant sur les dieux coiffés d'épis.

2) Rétablir, d'après Nectanébo Ier, *aou rekh-sou m khou dpir khoou-senousou.*

3) Ici, une formule abrégée que je restitue en partie d'après la formule citée à la fin de la légende précédente.

4) Le texte ne peut être rétabli en entier, malgré les secours que prête la version de Nectanébo Ier; la traduction est donc purement conjecturale.

que j'accomplisse mon passage vers l'Orient. Poussez des cris de joie, dieux de l'autre monde, car c'est moi qui vous défends, poussez des cris de joie, car je règle vos destinées. Lorsqu'ils ont parlé à ce dieu en convoyant sa barque [qui vient] de terre, ils l'acclament et ils le conduisent jusqu'à ce qu'il arrive à la contrée des Vaillants qui sont à la suite de l'Osiris. Si l'on fait cela à l'image de tout ce qui est tracé dans la maison mystérieuse, et que l'on sache les paroles [que prononce le dieu et que les habitants du cercle prononceront], cela sera utile à l'individu, [même] sur terre en vérité. Le nom de cette heure est *Soshaït mâkit nibou s.*[1] » Le discours nous apprend nettement et la condition des êtres qui habitaient le domaine de chaque heure et l'étendue de leurs obligations. On voit d'abord qu'ils ne relèvent pas directement de Râ : leur seigneur immédiat est le même que celui de l'heure précédente et de l'heure suivante, Osiris, dont ils sont les suivants *Amiou-khêtiou,* et dont ils taillent les ennemis en pièces. Râ est le suzerain de leur suzerain, et c'est en cette qualité qu'il réclame d'eux le service féodal. Il leur a donné des champs comme nous l'avons vu plus haut, mais il résulte de l'énumération des charges attachées à la possession de ces champs que ce sont de véritables fiefs militaires et que les mânes et les dieux établis dans les heures, sont ce que les textes grecs appellent les *guerriers,* μάχιμοι[2]. Le domaine qu'ils ont reçu est assez grand pour les nourrir abondamment s'ils le font valoir : mais il leur est défendu de le quitter et de suivre la barque de Râ au-delà des limites de l'heure. Leur service consiste à repousser les ennemis de Râ, à l'aider dans la lutte qu'il soutient contre les ténèbres, à le défendre contre le serpent Apophi qui cherche à le dévorer, à l'escorter du moment où il a franchi la frontière occidentale de l'heure jusqu'au moment où il arrive aux confins de l'heure suivante. C'est dans le royaume des ombres la reproduction de ce qui se passait sur terre, et l'on peut juger exactement par les obligations de ces fiefs imaginaires ce qu'étaient celles des fiefs réels.

« Ensuite la Majesté de ce grand Dieu pénètre dans cette contrée des *Pirtiou* (Vaillants), et ce dieu y avance à la rame dans le

1) Lefébure, *le Tombeau de Séti I*er, IVe partie, pl. XXXI-XXXII.

2) Cfr. Maspero, *Un manuel de hiérarchie égyptienne,* dans les *Études égyptiennes,* t. II, p. 40 sqq.

Nit-Osiri (le bassin d'Osiris), qui a quatre cent quatre-vingt stades en longueur et cent-vingt en largeur. Ce Dieu grand y adresse la parole aux serviteurs d'Osiris pour ce nome[1], et leur fait la distribution des champs pour cette contrée : *Biou shetiou* (Ames mystérieuses) est le nom des dieux qui sont dans cette contrée. Quiconque connait leurs noms [étant encore] sur terre, lorsqu'il arrive ici au lieu qui est sous [l'autorité d'] Osiris, on lui donne de l'eau pour cette contrée qui est sienne. — *Nit-nib-ouâ khoprit toutou* (Bassin du Seigneur unique qui produit l'abondance) est le nom de cette contrée. Si l'on exécute en peinture les images mystérieuses de ces *Biou shetiou*, à l'image des peintures tracées sur les maisons mystérieuses de l'autre monde, — les tableaux commencent à l'Ouest, — quiconque les connaitra lorsqu'il arrivera vers eux, quand il lui faudra passer à travers leurs rugissement, il ne tombera pas dans leurs fournaises[2]; quiconque les connaitra sera un feudataire qui aura toujours son pain assuré avec Râ[3]; quiconque les connaitra sera une âme et un mâne, maitre de ses jambes, si bien qu'il n'entrera pas aux lieux d'anéantissement, mais sortira en ses formes de vivant, respirant à son gré, vers son heure[4]. Le nom de l'heure de la nuit qui guide ce dieu en cette contrée est *Dounit Biou* (la pourfendeuse d'âmes)[5]. » Voilà le texte de l'Abrégé. La rédaction illustrée l'a scindé en plusieurs parties. La première occupe, à la gauche du tableau, deux colonnes verticales mutilées vers le bas : « La Majesté de ce Dieu pénètre en cette contrée des *Pirtiou* et avance à la rame dans le *Nit-Osiri* : trois cent neuf stades de largeur a cette ré-

1) En d'autres termes, à ceux des êtres fidèles à Osiris, morts ou dieux, qui étaient établis dans le nome de la troisième heure.

2) Lit. : « Est le connaissant eux, en voyager sur eux, où il a passé (*ni si-naf*) à leurs rugissements, point il n'est tombé à leurs fournaises. »

3) Lit. : « Est le connaissant eux en gardien de place (*Ari-istiou*), son pain en face avec Râ. » Le mot *feudataire* ne répond qu'à moitié au sens de *Ari-istiou* : ce mot désigne l'homme qui garde les places d'un autre, et ici il me semble que *les places* ne peuvent être que les terres données en fief par le Soleil aux fidèles d'Osiris.

4) Lit. : « Ils sont en ses formes en goûtant l'air pour son heure, » c'est-à-dire pour l'heure dans le domaine de laquelle le mort a reçu les terres que Râ donne aux fidèles d'Osiris.

5) Lefébure, *le Tombeau de Séti I*er, IVe partie, pl. XXIX-XXXI, l. 62-105 ; Pierret, *Recueil d'Inscriptions*, t. I, p. 106-108 ; Déréria, *Catalogue*, p. 22-23.

gion[1]. Ce dieu grand adresse la parole aux mânes qui suivent Osiris pour ce nome...[2]. Le nom de l'heure de la nuit qui guide ce dieu grand est *Dounit-Biou.* Le nom de la porte de ce nom est *Titou* (la preneuse)[3]. » Il n'y a là qu'un renseignement nouveau, le nom de la porte du nome. Chacun des nomes de la nuit avait, en effet, une porte qui le séparait du nome voisin : le fait était déjà connu par la demande que le Soleil adressait aux génies de lui ouvrir leurs portes, mais il est ici constaté explicitement pour la première fois. Le second paragraphe court en une seule ligne horizontale au haut du tableau. « Ce dieu grand règle les destinées des dieux qui suivent Osiris, et leur fait une distribution de champs pour cette contrée. Connaissance des *Biou Shetiou :* — Quiconque connaîtra leurs noms, quand il arrive ici au lieu qui est sous [l'autorité d'] Osiris, on lui donne de l'eau pour cette contrée qui est sienne : *Nit nib-ouâ khoprit ioutou* est le nom de cette contrée. Si l'on exécute ces peintures des *Biou Shetiou,* à l'image des peintures tracées sur les maisons mystérieuses de l'autre monde, — les tableaux commencent à l'Ouest, — c'est utile à l'homme sur terre et au *Khri-noutri* (en enfer) en vérité[4]. La barque du Soleil, toujours pourvue de son équipage, est représentée au registre médial : « Ce dieu grand parcourt *Nit nib-ouâ khoprit ioutou.* » Elle est précédée de trois barques qui marchent à la godille, chacune sous la poussée de deux matelots, debout l'un à l'avant, l'autre à l'arrière. La plus rapprochée porte trois dieux, *Nib-oîs, Shafi,* dont le buste est serré dans un linceul étroit qui recouvre les bras ; *Ami-to*, qui est entièrement réduit à l'état de momie. Ce sont donc, comme dans les heures précédentes, des formes d'Osiris qui escortent Râ, et la légende, tracée au-dessus d'elle, ne laisse subsister aucun doute à cet égard : « Celui qui est en ce dessin, il pilote les barques de dessus terre et fait avancer

1) Le chiffre donné en cet endroit diffère, comme on voit, du chiffre donné par l'Abrégé : il est identique à celui que fournit le papyrus du Louvre ; Pierret, *Recueil d'Inscriptions*, t. I, p. 106.

2) Lacune d'un tiers de colonne environ, qui renfermait le nom de la région, *Nit-nib oua khoprit ioutou.*

3) Lefébure, *le Tombeau de Séti Ier*, IVe partie, pl. XXXII. Le texte de cette heure, mais très mutilé, a été publié par Lepsius (*Denkm.*, III, pl. 135) d'après le tombeau d'Amenhotpou II.

4) Lefébure, *le Tombeau de Séti Ier*, IVe partie, pl. XXXII-XXXIV.

Osiris à la rame vers ce nome. Quand ce Dieu Grand (le Soleil) arrive et se tient en ce nome, il adresse la parole à Osiris, ainsi qu'à ses suivants, [et alors] ces barques mystérieuses le guident en cette contrée, font avancer ce dieu grand à la rame en cette contrée, vers l'heure *Tounit-Biou*, et ces barques reviennent vers la berge de la porte *Titou*[1], après avoir parcouru cette contrée. Quiconque les connait est un feudataire et a son pain assuré avec Râ.[2] ». Ici encore nous rencontrons, pour la première fois, une légende qui nous explique clairement le rôle des barques-fées. Elles appartiennent à Osiris le maître de cette heure, et sont montées par les formes du dieu : elles constituent l'escadre du nome infernal, qui convoie le Soleil jusqu'au nome suivant, puis revient prendre sa station à l'entrée du nome, comme l'escadre du nome terrestre faisait quand Pharaon traversait ses eaux. Elles étaient placées sous la surveillance de quatre dieux, dont les bras sont cachés comme ceux d'Osiris. C'est encore au mythe d'Osiris qu'appartiennent les dieux rangés sur les deux rives. Au registre du haut, deux cynocéphales ou deux Thot : *Hri-shâou-f*, qui est accroupi, comme l'indique son nom, sur un tas de sable, et *Zobi noutir*, qui est enfermé dans une chambre voûtée et comme mis en cage. Deux Anubis à tête de chacal, puis un homme et une femme, qualifiés d'*apporteur* (*Anti*) et d'*apporteuse* (*Antit*), parce qu'ils apportent les prunelles des yeux d'Hor, chassent devant eux le grand bélier *Sama khoftiou-f* (qui tue ses ennemis), devant lequel sont alignés une momie : *Paz-ahaït*, qui allonge les mains et se tient debout, un chacal sur son naos avec le sceptre, un homme agenouillé : *An iri-t-ri sholpou noutirou*, qui « apporte l'œil de Râ et par là met les dieux en paix », une colonnette, appelée le magicien (*Oïr hikaou*), quatre hommes et quatre momies, quatre déesses pleureuses, sous la conduite de Hounou, l'épervier momifié de Sokaris et de Har-khiti. « Ceux, dit la légende, qui sont dans ce dessin, en l'autre monde, avec les chairs de leurs corps, eux-mêmes, dont les âmes parlent en eux, dont les ombres sont réunis à eux, après que ce dieu grand leur a adressé son

1) Lit. : Font le tour ces barques vers la berge de *Titou*. » Malgré l'absence du déterminatif nécessaire, je reconnais dans ce mot *Titou* le nom de la porte de la troisième heure, mentionnée plus haut.

2) Lefébure, *le Tombeau de Séti Ier*, IVe partie, pl. XXXII-XXXV.

allocution, ils lui adressent la parole, l'acclament et poussent des hurlements de douleur lorsqu'il les laisse derrière lui. Leurs occupations, dans l'Occident, c'est d'écraser les ennemis de Râ, d'entretenir la vie de Nou[1], de faire courir le Nil, et quand celui-ci sort en terre de par eux, ils élèvent la voix et écrasent [ses] ennemis. — Quiconque les connaîtra, lorsqu'il arrivera vers eux, il ne passera pas à leurs provisions, il ne tombera pas dans leurs fournaises[2]. » Sur le registre inférieur, à côté de Khnoumou, à tête de bélier, et d'une douzaine de génies mâles et femelles, les uns à tête d'oiseau et armés de couteaux, les autres à tête humaine, sont assises de nombreuses formes d'Osiris momie, quatre d'entre elles coiffées de la couronne blanche, *Osiris qui gouverne les millions d'êtres*, la mort insatiable, *Osiris Isiti*, Osiris au tombeau, *Osiris Khontamentit*, Osiris qui est dans l'Ouest, et *Osiris Nib-Amentit*, Osiris, maître de l'Ouest, quatre d'entre elles coiffées de la couronne rouge, Osiris primat des dieux, *Osiri Kharp-nouttrou*, Osiris, roi de la Basse-Egypte, *Osiris Nitti*, Osiris sur son trône, *Osiri hri Khondouf*, et Osiris, taureau d'Occident. Deux autres Osiris stellaires, *Ahaou* et *Orion*, s'avancent en détournant la tête vers une déesse qui tient les yeux du Soleil et vers un dieu à forme humaine, nommé *Khotri*. « Ceux qui sont dans ce dessin [et qui sont dans] la demeure du Didou[3], ils adorent ce Dieu grand [le Soleil], et quand ce dieu grand leur a adressé la parole ils vivent, car, en leur parlant, il leur accorde leur eau, et ils reçoivent leurs têtes en même temps que son discours[4]. Leurs occupations, dans l'Occident, c'est de tailler et de trancher les âmes, d'emprisonner les ombres, d'entraîner quiconque leur tombe sous la

1) Lit. : « Ce qu'ils font, c'est dans l'Amenti, écraser les ennemis de Râ, faire être Nou, » l'eau divine d'où découle Hâpi, le Nil terrestre.

2) Nous avons ici la variante *an si naf ni hemhomitou-senou*, qui renferme une négation *an* au lieu de la conjonction *ni*. Je crois bien qu'il y a là une simple faute de copiste; toutefois comme on peut admettre la présence d'un de ces jeux de mots si fréquents en Égypte, j'ai préféré traduire en tenant compte de la négation et du second sens *provisions*, du mot *hemhomit*. La phrase veut dire les mânes qui les connaîtront ne seront pas pris par eux pour servir de provisions et pour être dévorés : c'est ainsi que les compagnons d'Ulysse étaient les *provisions* du Cyclope.

3) C'est-à-dire d'Osiris, seigneur de Mendès et de Busiris.

4) *M hâou tapro-f*, lit. : « En plus de son discours. »

main à leur place d'anéantissement[1]; ils lancent des flammes, ils produisent des feux, et les ennemis sont décapités par leurs épées[2]. Ils acclament et ils poussent des hurlements de douleur lorsque ce dieu grand les laisse derrière lui. *Khotri* est le nom du gardien de cette contrée. Quiconque sait cela, est un mâne maître de ses jambes »[3]. Le dieu nommé Khotri qui, le sceptre à la main, regarde les Osiris et les dieux du registre inférieur, est donc le gardien, le nomarque de ce nome. Nous avions déjà vu, à l'heure précédente, *Ari-nibaoui*, à la même place et avec le même titre : nous rencontrerons d'autres personnages de même nature. La hiérarchie de ces départements mythiques se complète donc, de même que celle des circonscriptions réelles de l'Egypte, d'un supérieur choisi par le roi et qui a la haute main sur tous les possesseurs de fiefs militaires. On voit que ceux-ci ont, à côté de la fonction générale de soldats de Râ et d'Osiris, qui leur commande de détruire, par tous les moyens possibles, les ennemis de ces dieux, une fonction spéciale qui consiste à veiller sur les eaux célestes, de même que celle des habitants de l'heure précédente était de veiller sur la production des céréales. Comme les habitants de l'heure précédente, ils ont, avec Râ, un entretien dont le tombeau de Séti Ier contient jusqu'à trois copies, toutes trois mutilées[4]. Ici encore leur discours n'a pas grande valeur, mais celui de Râ renferme des expressions remarquables : « Ce dieu grand dit aux *Biou Shetiou* (Ames mystérieuses) qui suivent Osiris : « O vous « dont j'ai rendu mystérieuses, dont j'ai occulté les âmes, que « j'ai mis à la suite d'Osiris[5] pour le défendre, pour escorter ses

1) *Rdt toumou atiou ounnou r isit-senou nte ktoumit*, lit. : « Faire enfermer ceux qui ne sont pas et ceux qui sont vers leur place d'anéantissement. »

2) Lit. : « Les ennemis à l'état de qui ont en tête *amit-topou* leurs épées. »

3) Lefébure, *le Tombeau de Séti Ier*, IVe partie, pl. XXXII-XXXV.

4) La plus complète est sur la paroi droite du second corridor descendant (Lefébure, *le Tombeau de Séti Ier*, Ire partie, pl. XVIII-XX). Les deux autres se trouvent dans Lefébure, *le Tombeau de Séti Ier*, Ire partie, pl. XV-XVII et pl. XXII. M. Lefébure rattache ces trois versions à la quatrième heure de la nuit : le contexte prouve suffisamment qu'il faut les placer à la fin de la troisième heure.

5) *A nou seshto-n-i amonit-ni biou-senou drou-n-i ni Osiri m-khetou-f.* « Ah ! ceux-ci, j'ai rendu mystérieux, j'ai caché leurs âmes, j'ai monté [elles] à Osiris derrière lui. » Le début de la phrase est un jeu de mots, incompréhensible en français, sur le nom des dieux de cette région *Biou shetiou*, Ames mystérieuses.

« images, pour anéantir ceux qui l'attaquent, si bien que le dieu Hou « est à toi, ô Osiris, derrière toi, pour te défendre, pour escorter tes « images, pour anéantir ceux qui t'attaquent, *si bien que* Hou est à « toi, ô Osiris, que Sa est à toi, ô Khontamentit [1], vous dont les « formes sont stables, vous dont les rites assurent l'existence [2], « vous qui respirez l'air [de vos narines, qui voyez] de vos faces, qui « écoutez de vos oreilles, qui êtes coiffés de vos coufiehs [3], qui « êtes vêtus de vos bandelettes, qui avez des revenus d'offrandes « à vous sur terre par l'office des prêtres du dieu, qui avez des « champs à vous de votre propre domaine, vous dont les âmes ne « sont point renversées, dont les corps ne sont point culbutés, « ouvrez vos cercles et tenez-vous à vos places, car je suis venu « pour voir mes corps, inspecter mes images qui sont dans l'autre « monde, et vous m'avez convoyé pour me permettre de leur « apporter mon aide [4], si bien que je conduis à la rame ton âme « au ciel, ô Osiris, ton âme à la terre, ô Khonti-augrit, avec tes « dieux derrière toi, tes mânes devant toi, ton être et tes formes « [sur toi?] et alors ton mâne est enchanté, ô Osiris, vos mânes « sont enchantés, ô vous qui suivez Osiris [5]. Je monte en terre et « le jour est derrière moi ; je traverse la nuit, et mon âme se réu-« nit à vos formes pendant le jour, j'accomplis de nuit les rites « qui vous sont nécessaires [6], j'ai créé vos âmes pour moi, afin « qu'elles soient derrière moi, et ce que j'ai fait pour elles vous « empêche de tomber au lieu d'anéantissement [7] ». — Ce dieu

1) *Hou* et *Sa* sont, comme nous avons vu plus haut, les deux pilotes de la barque solaire, qui passent ici au service d'Osiris.

2) *Khou ni Khopriou-tenou*, lit. : « Exorcisés à vos êtres. » Il faut ne pas oublier que tous les êtres, hommes et dieux, ne subsistent que grâce aux cérémonies et aux paroles magiques (*Khou*) qui entretenaient la vie en eux et les protégeaient contre la destruction.

3) *Kofit ni dfenou-tenou* : « Serrés de vos bandeaux qui tiennent vos coiffures. »

4) *Khenou-ni-ten-n-i khonou-ou-i iout-tot-ou r-senou*, lit. : « Vous avez navigué pour moi, moi naviguer aide, (lit. : ouverture-de-bras), vers eux. »

5) *Istou khou ni Khou-k Osiri khou ni khouou-tenou amou-khetou Osiri*. Sur la valeur de *Khou* voir, plus haut, la note 2. Le copiste moderne a passé une ou deux lignes dans une des versions (pl. XVI-XVII), entre la ligne 36 et la ligne 37, et cela est d'autant plus fâcheux que le texte des deux autres versions est incomplet ou incertain.

6) *Iri-ni khouou-tenou n-korhou* : « J'ai fait vos rites de nuit. »

7) *Soutou iri-ni ni-senou an haou-tenou r-hôtmit*, lit. : « Certes ce que j'ai ait à elles, point vous ne tombez dans la maison d'anéantissement. »

grand aborde près de ces dieux et leur fait une allocution, puis prend le large après qu'il leur a adressé la parole. Si l'on exécute [ces tableaux] à l'image des peintures tracées sur les maisons mystérieuses de l'autre monde, quiconque [les connaîtra sera une âme et] un mâne, maître de ses jambes, si bien qu'il n'entrera pas aux lieux d'anéantissement, mais sortira de jour respirant librement à son heure. L'heure qui guide en cette contrée, *Tounit-Biou*, est aux ordres de Séti Ier. » Cette dernière phrase n'est que la dernière phrase de l'Abrégé adaptée, à l'usage du roi dont le tombeau nous a conservé nos textes.

Ce discours ne suit pas immédiatement les tableaux qu'il complète : il a été transporté, faute de place, sur les murs du couloir qui conduit obliquement de la vallée à la chambre du tombeau. Il y a été répété trois fois avec le discours initial de la quatrième heure, non que ces deux textes fussent plus importants que les autres, mais l'espace dont les artistes disposait était dans deux des cas assez malaisé à couvrir, et les discours le couvraient bien. Le texte de notre livre va donc se trouver pour quelque temps divisé en deux parts ; l'abrégé se développe sur les parois de la chambre où sont les trois premières heures, la rédaction illustrée se déploie dans les couloirs. « Ensuite, la majesté de ce dieu pénètre par halage dans le cercle mystérieux de l'Occident, réglant les destinées des êtres qui sont en lui par sa voix et sans les voir. Le nom de ce cercle est *Onkhit khopirou* (vivante d'êtres, grouillante de vie). Le nom de la porte de ce cercle est *Amonit staouou* (celle qui cache les couloirs ou les halages). Celui qui connait cette figure des voies mystérieuses du *Rostaouou* (la porte des couloirs ou des hâlages), les chemins compliqués de l'*Ammah*[1], les portes secrètes qui sont dans la terre de Sokaris, le dieu qui est sur ses sables, celui-là mange des pains destinés à la bouche des vivants dans le temple de Toumou ; celui qui les connait parcourt les voies, va par les chemins, voit les formes de l'Ammah. Le nom de l'heure de la nuit qui guide ce dieu grand est *Oirit-Sokhmou-s* (celle qui est grande en ses violences)[2]. » La légende de l'heure suivante, la cinquième, est la continuation obligatoire de celle-ci, comme nous

1) Voir *Revue des Religions*, t. XV, p. 279, ce que c'est que l'*Ammah*.

2) Lefébure, *le Tombeau de Séti Ier*, IVe partie, pl. XXXI-XXXIV, l. 106-138; Pierret, *Revue d'Inscriptions*, t. I, p. 108-109 ; Dévéria, *Catalogue*, p. 23.

le verrons plus loin en étudiant les tableaux : j'en donne donc la traduction sans plus tarder : « Tandis que la majesté de ce dieu grand est halée sur la bonne voie[1] de l'autre monde en la moitié supérieure de ce cercle mystérieux de Sokari, le dieu qui est sur ses sables, sans voir ni discerner cette figure mystérieuse du pays qui renferme les chairs de ce dieu (Sokaris), les dieux qui sont avec ce dieu (Sokaris) entendent la voix de Râ qui s'adresse à la place où est ce dieu (Sokaris). Le nom de la porte de cette cité est *Kharp-noutirou* (celle qui prime les dieux). Le nom du cercle de ce dieu est *Amonit* (la cachée), les voies mystérieuses de l'Occident, les portes de cette maison cachée, le lieu secret du pays de Sokaris [où sont] ses chairs, ses membres, son corps en [son] état primitif. Le nom des dieux qui sont dans ce cercle est *Biou Amiou-douaout* (âmes qui sont dans l'autre monde) : leurs formes qui sont en leurs heures, leurs figures mystérieuses et inconnaissables, ne voient pas, n'aperçoivent pas cette figure d'Hor lui-même. — Si l'on exécute ces tableaux selon le modèle qui est tracé sur les parties cachées de l'autre monde, au midi de la maison cachée, celui qui les connaîtra rejoindra son âme et aura sa part des provisions de Sokaris, la déesse *Khomit* ne mettra point son corps en pièces, mais il passera devant elle en paix ; quiconque fera des offrandes sur terre à ces dieux, [cela lui sera utile]. Le nom de cette heure de la nuit qui guide ce dieu grand en ce cercle est *Samit hihitit-oua-s* (le guide qui est au milieu de sa barque[2]). » La différence des termes employés pour la marche du soleil, le nom de la région où est situé le domaine des deux heures, celui du dieu qui y règne nous annoncent un changement de décor et de mythe. Nous entrons, en effet, dans un des plus anciens royaumes des morts que l'Egypte ait connus, dans la terre de Sokaris, sillonnée de couloirs *Staouou*, aboutissant aux grottes *Ammah*, où les mânes vivent dans une obscurité profonde, invisibles, et ne voyant personne, pas même le dieu qui les rassemble autour de lui, car « l'Occident est une place de sommeil et de ténèbres lourdes[3]. » Il

1) *Ouaïtou mâïtou*, « les voies justes », celles que le Soleil doit suivre pour ne point s'égarer.

2) Lefébure, *le Tombeau de Séti Ier*, IVe partie, pl. XXXIV, XXXV, l. 139-173 ; Pierret, *Recueil d'Inscriptions*, t. I, p. 109-111, Dévéria, *Catalogue*, p. 23-24.

3) Voir le texte entier auquel cette citation est empruntée dans Maspero, *Etudes égyptiennes*, t. I, p. 187.

était difficile de concilier les idées qui avaient inspiré cette peinture avec celles que représentait la théorie solaire, et les Egyptiens n'ont pas même essayé de le faire : ils ont simplement superposé l'un à l'autre les deux mondes différents, et fait passer le soleil dans la moitié supérieure de la terre de Sokaris, si haut qu'il ne distingue ni la configuration du pays, ni la forme des habitants, ni l'aspect du dieu. Cette combinaison était d'autant plus indiquée qu'elle répondait à la nature des choses : la partie inférieure était sur terre, dans les sables du désert qui étaient, comme l'indique le titre, le domaine propre de Sokaris ; la partie supérieure était au-dessus de l'autre, à la hauteur du ciel, qui est le domaine propre de Râ. Les dessinateurs chargés d'illustrer le texte n'ont pu se tirer que par un artifice de composition des difficultés de rendu que leur offrait cette combinaison. Ils ont conservé les trois registres qui occupent toute la hauteur de la paroi pour représenter la moitié supérieure de la terre de Sokaris : l'Oirounas y coule au milieu, et, sur les deux rives, la procession des dieux se déroule. Ils ont figuré la moitié inférieure de ce monde par un couloir étroit qui, partant du haut de la muraille au point où commence le domaine de la quatrième heure, traverse obliquement le premier tiers du premier registre, longe quelque temps la ligne de démarcation du premier et du second registre, traverse obliquement le second registre, suit quelque temps encore la ligne de démarcation du second et du troisième registre, traverse obliquement le troisième registre et se perd dans le sol un peu avant l'endroit où finit le domaine de l'heure : c'est une ligne brisée qui divise la paroi diagonalement de droite à gauche. Ce couloir s'appelle dans la première partie « les voies mystérieuses du Rostaouou (de la porte des couloirs) » et est coupé entre le premier et le second registre par une porte à un seul battant *Mades samto* : une légende écrite en deux orthographes nous apprend que c'est « les voies mystérieuses du *Ro-staouou*, où le dieu n'entre et qu'il ne parcourt [1], mais qui entendent sa voix [2]. » Dans le second registre, qui est séparé du troisième par la porte *Mades semaou-to*

1) *Routi noutir* (var. *Noutir routi*), *an âp-naf senou*, « la porte le dieu ne voyage sur elles. »

2) Lefébure, *le Tombeau de Séti Ier*, IVe partie, pl. XXIII, Champollion, *Notices*, p. 768-769.

une légende nouvelle dit que le couloir est « la voie par où pénètre le corps[1] de Sokaris, le dieu qui est sur ses sables, dont l'image mystérieuse n'est ni vue, ni aperçue[2]. » Il est fermé à l'extrémité du troisième registre par une troisième porte, *Mades-nehah*[3], et reparait au début de la cinquième heure, où l'autre côté de la porte *Mades-nehah* est figuré. Il remonte obliquement de gauche à droite, à travers le registre de terre, sous le nom de « voie mystérieuse de l'*abaton* [où se cache Sokaris], sur laquelle ce dieu passe, et qui contient les turpitudes du dieu qui s'éveille vers l'Amentit », puis elle longe la ligne de démarcation du troisième et du second registre. La légende qui la décrivait est malheureusement à moitié détruite : « Voie mystérieuse de la terre de Sokaris [sur laquelle] voyage [ce dieu de] . . . . Elle est pleine. . . . . [elle aboutit] à la porte du lever que ne passent pas les dieux, les mânes, les morts. » Vers le milieu de l'heure, elle effleure la zone de sable où le dieu Sokaris se tient caché, puis continue dans la même direction. La légende qu'elle porte à partir de cet endroit n'est pas mieux conservée que la précédente. « Voie mystérieuse de la terre de Sokaris l'occidental, où passe ce dieu, mais à travers laquelle ne passent pas les dieux, les mânes et les morts. . . . . Elle est remplie d'âmes brûlées du feu de la bouche du serpent Ouamiti. » Au delà, elle redescend vers le sol et se termine à une porte qui donne accès dans la sixième heure.

Le soleil, en arrivant dans cette région, change de barque. Il monte sur un long bateau dont l'avant et l'arrière se recourbent et se terminent en tête de serpent ; son équipage ordinaire l'accompagne et change de barque avec lui. Les bateaux osiriens qui l'avaient convoyé jusqu'alors cessent de le remorquer : quatre dieux à corps et à tête d'homme le tirent à la cordelle. Je crains bien que les Egyptiens n'aient eu d'autre raison de lui imposer cette allure nouvelle que le désir de faire un jeu de mots. Le nom de la contrée que remplissent la troisième et la quatrième heure de la nuit, *Ro-*

1) Var. : « Par où pénètrent les corps. »

2) Lefébure, *le Tombeau de Séti Ier*, Ire partie, pl. XXIV; Champollion, *Notices*, p. 767-768.

3) Lefébure, *le Tombeau de Séti Ier*, Ire partie, pl. XXV ; Champollion, *Notices*, p. 765.

slaouou, renferme un mot *slaou*, qui peut signifier *haler*, *halage*, aussi bien que *passer*, *passage*. C'était à l'origine la région, la *porte des couloirs*, mais avec une possibilité de devenir la *porte des halages* : on accentua ce sens secondaire en substituant des *halages* au *remorquage* que la barque du soleil avait subi jusqu'alors. En franchissant la porte de la quatrième heure, le dieu cesse de percevoir le peu de lumière naturelle qui l'avait éclairé jusque-là ; il s'enfonce dans une obscurité profonde, mais sa nouvelle barque est fée et l'éclaire. « Tandis que ce dieu grand navigue sur ceux qui sont en ces dessins, ce sont les flammes de la bouche de sa barque[1] qui le guident en ces chemins[2], dont il ne voit point la configuration, mais il s'adresse aux lieux où ils sont et ils entendent sa voix[3]. » Les dieux qui marchent en avant des haleurs sont encore des personnages du « cycle osirien », des formes d'Osiris, mais d'Osiris-Sokaris, un Osiris momie surnommé *Midnkhti*, le crochet d'Osiris fiché en terre, Thot à tête d'ibis et Hor à tête d'épervier, portant à deux mains l'œil qui est ici identifié à Sokaris. Devant ce premier groupe, on en distingue un second de quatre divinités, dont la seconde a, en guise de tête, deux rubans repliés posés sur un corps humain ; quatre autres personnages armés de croix ansées, trois hommes et une femme, montent à leur rencontre de l'extrémité de l'heure. Une même légende définit leur rôle : « Ceux qui sont en ce dessin, en leurs figures corporelles, sont établis sur la voie secrètes de la contrée dont les mystères sont cachés (*Amonit shetaou*)[4]. Ils sont sur les voies[5] secrètes de ceux qui entrent dans la région cachée (*Amonit*) de l'autre monde et ils veillent sur Anubis le haleur[6],

1) C'est une allusion aux bouches des têtes de serpent qui se recourbent à l'avant et à l'arrière de la barque.

2) *Sam-sou ni nen mitenou atmaa-f*... Le mot *miten*, chemin, est écrit d'une façon inusitée.

3) Lefébure, *le Tombeau de Séti I*^er^, Ire partie, pl. XXIII ; Champollion, *Notices*, t. I, p. 768-769.

4) *Amonou ni ouait hi ouait dosirit ni Amonit shetaou*. Le terme composé du début *Amonou ni ouait*, me paraît être l'équivalent de *monou ni ouait*, lit. « Fermes de voie ». La variante *amonou* avec *a* prothétique, est probablement là en allitération avec le nom *Amonit shetaou*, qui, abrégé en *Amonit*, sert à désigner le domaine de la dernière heure, vers lequel Râ se dirige à travers celui de la quatrième.

5) *Ouonnou-senou m rôou ouait dosirit*, lit. : « Ils sont aux bouches du chemin secret. »

6) *Ktesonou saati Anoupou m samou-f ni slaou-ti dqou-naf hi senou ni to*

lorsqu'il entre vers eux au pays secret[1]. » Anubis n'est figuré nulle part, et on pourrait s'étonner qu'il soit fait mention de lui dans cette légende, si l'on ne savait que la barque du soleil est souvent remorquée par des chacals en ce monde et dans l'autre. Anubis était le *haleur* par excellence, et je crois pouvoir conclure avec certitude de la présence de son nom que les quatre dieux qui tirent la barque sont des dédoublements d'Anubis et de ses chacals. Les figures qui s'agitent sur les deux rives ont un caractère spécial et nous révèlent immédiatement la nature du pays nouveau où le soleil s'engage. Ce sont, pour la plupart, des serpents; le désert égyptien les nourrissait et les nourrit encore en quantité considérable, et comme le désert est le domaine de Sokaris « le dieu qui est sur ses sables (*hri shâou-f*) », on ne doit point s'étonner de retrouver tant de serpents dans les parties de la nuit qui appartiennent à Sokaris. Dès l'entrée, Râ rencontre un premier serpent à tête humaine et monté sur quatre pieds d'homme, qui garde la porte de compagnie avec une déesse qui paraît être une variante de Nit, et se tient à l'extrême droite du registre supérieur[2]. Au registre inférieur, il est accueilli par d'autres serpents encore, dont le plus important *Haz-ndou* (la lumière s'en va), l'escorte à travers l'heure sur un bateau-fée dont la proue et la poupe sont surmontées chacune d'une tête de femme : « Celui qui est dans ce dessin[3], sur sa barque, c'est le grand serpent qui garde la retraite [de Sokaris], se tient sur la voie mystérieuse de la retraite et vit de la voix de la bouche de sa barque[4]. » Une grande croix ansée, tracée sous la gueule du monstre, nous montre en effet qu'il vit de la façon qu'indique la légende : la voix des têtes de sa barque est un charme puissant qui le soutient et le dispense de toute nourriture. Il est précédé de deux femmes debout, d'une momie assise et d'une femme coiffée de deux cornes, qui reste suspendue dans la position d'une

dosir. Le texte est très corrompu par la faute des graveurs anciens. Je l'ai rétabli d'après d'autres passages analogues.

1) Lefébure, *le Tombeau de Séti Ier*, Ire partie, pl. XXIV-XXV ; Champollion, *Notices*, t. I, p. 765-767.

2) Lefébure, *le Tombeau de Séti Ier*, Ire partie, pl. XXIII ; Champollion, *Notices*, t. I, p. 768-769.

3) Le texte donne ici le pluriel *Ounnou-senou*, au lieu du singulier qu'il faudrait, *Ounnou-f*.

4) Lire : *Onkhou-f m khroou tapro ni oua-f*. C'est, comme plus haut, une allusion à la tête qui orne l'avant et l'arrière de la barque.

personne qui s'asseoit, mais à qui on a brusquement retiré son siège : « Ceux qui sont représentés en la forme qu'a faite Hor, dans ce dessin[1], se tiennent sur terre à cette voie mystérieuse de la retraite [de Sokaris][2]... » Devant ce groupe rampent deux serpents, le Caché (*Amonou*), et l'Acclamante (*Hakonit*), qui paraissent représenter « les corps » du dieu Sokaris : l'Acclamante, qui est du sexe féminin, à en juger par son nom, porte sur la queue une tête d'homme tournée vers la tête du second serpent. Le serpent mâle, « qui est en ce dessin, est le gardien[3] de cette voie mystérieuse de la retraite [de Sokaris] ; il fait la ronde en toute place, chaque jour, et vit de la voix de tous les dieux qui gardent cette voie[4] ». Cette escorte monstrueuse, qui va dans la même direction que le dieu, est séparée par le couloir mystérieux d'autres serpents plus monstrueux encore qui viennent à leur rencontre. Au registre inférieur, une hydre à trois têtes, *Menmonouit*, porte sur le dos quatorze étoiles et quatorze têtes humaines couronnées du disque : « C'est l'image mystérieuse[5] de la retraite de Sokaris, dont l'illumination journalière aux naissances de Khopri, est produite par les faces du serpent *Menmonouit*...[6] » Derrière le serpent, Khopri, le soleil naissant, accourt les bras levés pour « envahir le firmament » avec l'aide de Mâït, la Vérité, debout derrière lui. Le sens de cette représentation serait difficile à saisir, si on ne la rapprochait du tableau

1) Lit. : « Ceux qui sont dans ce dessin en la forme qu'a faite Hor », *ni samou iri Hor*. Le nom d'Hor est écrit ici, et dans beaucoup de passages analogues, avec le signe du *chemin*.

2) Les signes qui suivent sont trop emmêlés avec ceux d'une autre légende pour que je me hasarde à les traduire.

3) *Ari* écrit là, comme en plusieurs autres endroits, avec *r* seule, sans voyelles ni déterminatif.

4) La disposition des signes n'est pas claire. Je lis, *sit-naf r isit nib râ-nib ônkhou-f m khrôou noutirou ariou ouaït ten*. *Ariou* est écrit par trois *r*, pluriel de l'orthographe abrégée *r* signalée à la note précédente; *ouait* est écrite par *ou* seul, comme en beaucoup d'endroits, ce qui prouve que le *t* du féminin était déjà tombé, au temps de Séti Ier, au moins en ce mot.

5) *Samou pi sheta dhit*, avec la variante archaïque *pi* de *pou* et une orthographe particulière de *dhit* qui revient souvent dans notre texte.

6) *Aou posdou am-sit râ-nib r-mosou Khopri pirrou m hoou ni menmonou*... lit. : « Est illumination en elle, chaque jour, aux naissances de Khopri, sortant des faces de Menmonou. » L'embrouillement des signes ne me permet pas de traduire la fin de la légende. Le nom du serpent est écrit avec l'oie *Mon* suivie de *n* et du groupe *men*.

décrit plus haut [1], au registre supérieur, dans lequel on voit Thot et Hor apporter l'œil mystique, nommé Sokaris pour la circonstance. Le mois égyptien était partagé religieusement en deux parties de quatorze jours dont chacun était consacré à une divinité spéciale. Des tableaux d'époque ptolémaïque nous montrent ces quatorze divinités, montant l'une après l'autre les marches d'un escalier, au sommet duquel Thot tient l'œil mystique, la lune en son plein [2]. C'est l'équivalent de cette scène que le tombeau de Séti Ier nous offre bien certainement. Le serpent à trois têtes amène, au-devant de l'œil que lui apportent Thot et Hor, les quatorze divinités éponymes des jours. Thot, Hor et Sokaris viennent les recevoir à l'extrémité de la quatrième heure pour les introduire dans la cinquième, où nous les retrouvons traînant la barque. La lune est une des formes d'Osiris et, par suite, de Sokar-Osiris et de Sokaris; c'est pour cette raison que cette scène lunaire est représentée dans le domaine de Sokaris. Y avait-il pour les Egyptiens quelque motif astronomique de la placer en cet endroit plutôt qu'en une autre place? Croyait-on que le soleil prenait sur sa barque, à la quatrième heure de la nuit, le dieu du jour nouveau qui allait se lever avec lui, ou bien qu'il débarquait à cette heure la divinité du jour écoulé qui venait de mourir, ou bien enfin qu'il débarquait l'un et embarquait l'autre? Ce qui me paraît prédominer dans ce tableau, c'est l'idée que le jour était, comme le soleil, un être assimilé à l'homme, et, qu'une fois mort, on consignait son cadavre entre les mains du dieu des morts, de Sokaris, comme on faisait d'un mort ordinaire. Au registre d'en haut, on aperçoit d'abord trois longs serpents : « ceux qui sont sur leurs ventres » (*Hriou khetou-senou*) : « Ceux qui sont en ce dessin font leur ronde en toute place, chaque jour. » Ces trois premiers gardiens sont appuyés d'un gros scorpion, *Onkhit* (la Vivante), et d'une superbe Uræus : « Ceux qui sont en ce dessin se tiennent à l'entrée des couloirs [3] » pour veiller sur la route. Derrière eux s'avance un « Dieu grand », en forme d'homme qui tend deux vases à libations aux trois serpents : « Celui qui est en ce dessin [4] est le guide de la voie mystérieuse. » Il est escorté d'un serpent à trois

1) V. p. 299.

2) Brugsch, *Astronomische und Astrologische Inschriften*, p. 33 sqq.

3) *Ahd senou* (ou *se*, écrit par *s* seule) *r staou top ni ouait*, « ils se tiennent « aux couloirs, tête du chemin. »

4) Lire : [*Ou*]*n*[*nou-f*] *m sekher*[*ou pe*]*n*.

têtes pourvu de deux grandes ailes d'éperviers et de deux paires de jambes humaines : « Celui qui est en ce dessin en l'autre monde est le gardien de ce chemin secret[1] des couloirs, et vit du profit de ses deux ailes, de ses corps, de ses têtes, » en foi de quoi, la croix ansée, signe de vie, est placée sous ses trois gueules. Il est accompagné d'un serpent plus connu que lui, *Nahbkoou*, « celui qui réunit les doubles », l'agent principal de Sokaris, et peut-être une des formes anciennes du dieu. Un dieu armé d'un sceptre se tient debout devant lui, le « guide de l'autre monde » (*Ouapit douaout*) : « Celui qui est dans ce dessin, en la forme qu'a faite Hor[2], il guide ces deux dieux sur cette voie. » Le duel « deux dieux » appliqué à un seul serpent ne peut étonner quand on jette les yeux sur les figures. Nahbkoou a deux têtes du même côté, sans parler d'une troisième tête qui se dresse à la place où il devrait avoir une queue : le *Guide* est donc le génie qui veille sur les deux têtes qui sont de son côté, soit sur deux des dieux dont Nahbkoou se compose[3]. La légende nous indique son rôle de gardien : « Celui qui est en ce dessin, à sa place du chemin secret de halage du *Ro-staouou*, fait sa ronde en toute place, chaque jour, et vit du profit de sa bouche. » Un troisième dieu, Abou-douaou, armé d'une sorte de lituus, tient la troisième tête du serpent et se dirige vers un dieu à corps humain, dont la tête est détruite, et auquel deux déesses « la méridionale » et « la septentrionale » tournent le dos : « Ceux qui sont représentés en la forme qu'à faite Hor en ce dessin, ce sont les gardiens du serpent *Nehapou*, qui [le] guident[4] vers le mystère [de Sokaris] en cette voie secrète. » Comme on le voit, chacun de ces monstres avait pour cornac un ou plusieurs dieux qui le guidaient dans sa ronde. *Nehapou* est un des noms de *Nahbkoou* ; c'est donc à ce dernier qu'appartiennent les deux dieux et les deux déesses qui terminent ce tableau. La légende tracée au-dessus du dernier registre s'applique à l'heure

1) *M ari matonou pen*. *Ari* est écrit avec *r* et le déterminatif du bras.

2) *M samou irit-ni-Hor*.

3) Cette multiplicité de têtes et de personnes semblerait indiquer qu'à un moment donné les Egyptiens ont compris Nahbkoou comme étant le dieu qui « réunissait ses doubles » à lui en une seule personne, et non comme celui qui réunissait les doubles des autres.

4) *Doudou staou-t r seshta*, lit. : « Qui donnent remorquage vers le mystère. » Le mot *Nehapou*, qui apparait une seconde fois derrière le nom *Nehapou* du serpent, s'applique au dieu dont la tête est détruite.

entière et définit la nature des scènes représentées. « Les voies mystérieuses[1] du *Ro-staouou*, les chemins secrets de la retraite [de Sokaris], les portes cachées, qui voient Sokaris, le dieu qui est sur ses sables[2], si l'on exécute [leurs images] au modèle[3] de ces tableaux qui sont peints sur les parties cachées de l'autre monde, à l'ouest de la maison cachée, quiconque les connaitra parcourra les voies mystérieuses, les chemins du *Ro-staouou* et verra[4] l'image de la retraite[5]. »

La quatrième heure n'était, pour ainsi dire, que l'antichambre de Sokaris : la cinquième renfermait sa retraite. Elle est annoncée par trois colonnes verticales d'inscription très mutilées[6], mais dont le texte se rétablit facilement, grâce à la version de l'Abrégé[7]. « Tandis que ce Dieu grand est hâlé sur les voies [bonnes de l'autre monde, en la moitié supérieure de ce cercle mystérieux de Sokaris, le dieu qui est sur ses sables, sans voir ni discerner] cette [figure] mystérieuse du pays qui renferme les chairs de ce dieu (Sokaris), les [dieux qui sont avec ce dieu (Sokaris) entendent la voix de Râ] qui s'adresse à la place où est ce dieu (Sokaris). — Le nom de la porte de cette cité est *A*[*hâ*]-*noutirou*. Le nom du cercle de ce dieu est *Amonit*. Le nom de cette heure de [la nuit qui guide ce Dieu grand en ce cercle est *Samit hi*] *hitit ouâ-s*. » La ligne tracée le long de la paroi, sous la corniche, au-dessus du premier

1) Ce début est commun à l'inscription présente et à la première inscription qui est gravée sur le tracé des voies secrètes, et que j'ai traduite plus haut.

2) *Amonou* est écrit, comme plus loin, par l'homme agenouillé, levant les deux bras devant sa figure. Les mots suivants doivent se lire : *Ansenou* (au lieu de *Annou* que donnent les deux copies) *m pa maa* (déterminé par l'œil d'épervier) *hri shâou-f* : « Ils sont en le voir celui qui est sur ses sables. »

3) *Ar iri-tou mi sounou pen*. Il faut remarquer ici l'orthographe de la conjonction *comme* par le *bassin*, qui lui attribue la prononciation *mi* ou *mir*, déjà prouvée pour les temps très anciens par les textes des Pyramides, pour les derniers temps de son emploi par les transcriptions coptes.

4) *Aou rokh-s* (écrit par le siège) *m* (écrit par l'oie) *mâ* (écrit par la coudée), *ounion* (écrit par *ou* et le pluriel) *shetaou* (écrit par *sh* ordinaire et par un oiseau) *metenou nt re-staouou maa* (écrit par l'œil d'épervier) *sam* (avec une oie pour *m* finale) *dhit*.

5) Lefébure, *le Tombeau de Séti Ier*, première partie, pl. XXIII-XXV; Champollion, *Notices*, t. I, p. 765-769

6) Lefébure, *le Tombeau de Séti Ier*, 1re partie, pl. XXVI. Cette partie manque dans Champollion.

7) Voir plus haut, p. 296.

registre, complète les renseignements généraux. « Les voies mystérieuses de [l'Occident, les portes de cette maison] cachée, jusqu'au lieu secret de la Terre de Sokaris où sont les chairs du Dieu, ses membres,] son corps en leur premier état. Connaissance des *Biou Amiou-Douaout*, de leurs formes qui [sont en leurs heures, de] leurs noms mystérieux, [à eux] qui ne voient ni n'aperçoivent cette figure d'Hor lui-même. — Si l'on exécute ces tableaux selon le modèle [qui est tracé] dans la partie mystérieuse de l'autre monde, au midi de la maison cachée, [quiconque connaîtra] cela, rejoindra son âme et aura sa part des provisions de Sokaris, la déesse Khomit ne mettra pas son corps en pièces ; quiconque fera des offrandes à ces dieux sur terre, [cela lui sera utile [1]]. » Le soleil monte sur sa barque-serpent, est traîné à la cordelle d'abord par sept dieux, puis par sept déesses à forme humaine. Il est dit des premiers que, « [ces dieux qui remorquent Râ dans l'autre monde], ce qu'ils font c'est de traîner ce dieu à travers ce cercle de Sokaris [2] » et des secondes que « ces déesses qui remorquent ce dieu dans l'autre monde à travers ce cercle, ce qu'elles font c'est de traîner ce dieu pour [l'aider à] rejoindre sa barque, qui est dans le Nou, à l'autre monde. » Ce sont les quatorze divinités des jours du mois que le serpent Memnonou avait amenées au soleil vers la fin de la quatrième heure. Elles sont précédées de quatre dieux conduits par la déesse Isis d'Occident ; le premier et le second ont la tête humaine et tiennent un bâton et le sceptre à tête de coucoupha, le troisième, à tête d'épervier, tient la houlette, et le quatrième, à tête humaine, un arbre entier : « Ceux qui sont en ce dessin, ce sont les greffiers (*zazanoutou*) qui enregistrent l'abondance des provisions en ce cercle. » Selon la coutume, Râ leur adressait à tous des discours éloquents auxquels ils répondaient. Ce qu'il disait aux sept remorqueurs est perdu, et la réponse de ceux-ci est mutilée : « [Râ] t'a ouvert la terre, lui disaient-ils, et tu as couru sur la Contrée Heureuse et sur ses voies [3] ; Râ t'a parlé, o Osiris ! Parle, o Râ, à la terre de Sokaris, Vie de Hor, dieu qui est sur ses sables ; va à Khopri, o Râ, va à Khopri. Cordez votre corde, vous

1) Lefébure, *le tombeau de Séti Ier*, Ire partie, pl. XXVI-XXVIII. Cette ligne manque dans Champollion.

2) Le début de cette première légende, qui est détruit, a été rétabli d'après la légende analogue qui est tracée au-dessus des déesses.

3) Lire : *ouiaou-s moute-nak*, au lieu de : *ouiaou ni moute-nak*.

qui tirez Khopri, pour qu'il aide Râ, tandis que celui-ci traverse les voies mystérieuses de Râ dans l'horizon. En paix, en paix, o Soleil de l'Amentit excellent. » Au milieu du registre, c'est-à-dire au milieu de l'heure, le sol se relève et se renfle en une sorte de mamelon, que couronne une tête de femme tournée à droite, et au-dessus de laquelle descend un scarabée, vu seulement jusqu'à mi-corps. Le scarabée, vers lequel les sept dieux tirent la barque du soleil, « c'est Khopri, qui, au moment où la barque du soleil est remorquée en ce cercle, se joint aux voies mystérieuses de l'autre monde. » Quant à la tête de femme, elle marque le point précis où se trouvait la retraite mystérieuse de Sokaris, et « quand ce dieu [le Soleil] se tient sur la tête de cette déesse, il adresse la parole à Sokaris » placé sous ses pieds, puis il reprend sa course, et « quand ce dieu grand est arrivé là par halage, ce sont ces déesses qui l'accueillent » et le hâlent à leur tour. « Ces déesses à ce Dieu grand : « Viens, o Râ, en paix, en l'autre monde ! Chemine, o Râ, sur ta barque de dessus terre, en ton propre corps, anéantissant tes ennemis. La déesse Amentit [l'Isis qui est figurée à l'extrémité du registre] t'appelle (?), o Râ, pour que tu t'unisses à elle, pour que tu montes au ciel comme le Grand qui est dans l'Horizon, pour que tu sois hâlé tes hâlages, et que tu passes écrasant tes ennemis. » Cependant Râ reprend la parole et s'adresse aux maîtres des provisions. « Ce Dieu Grand dit : « O vous qui avez pris vos piques, vous qui portez vos sceptres à tête de coucoupha, vous qui brandissez vos hastes, qui vous tenez debout près de vos provisions (*zofaou*), et vous asseyez à vos offrandes, vous qui êtes les gardiens (*ariou*) de l'abondance et des pains, les maîtres de la richesse dans l'Amentit, Isis s'est jointe à vous[1], Amentit s'est unie à vous pour que je sois avec vous sous votre garde, lorsque je passe au milieu de vous, en paix[2]. » La « terre de Sokaris » est représentée sur le registre inférieur ; c'est une sorte d'ellipse allongée comme celle qui sert de déterminatif au mot *Khouit*, l'horizon. Elle est appelée la « zône mystérieuse de Sokaris, qui garde les chairs mystérieuses[3] », garnie

1) *Isit ti-s ni-tenou*, lit. : « Isis s'est donnée à vous. »

2) Lefébure, *le Tombeau de Séti Ier*, première partie, pl. XXVI-XXIX ; Champollion, *Notices*, t. I, p. 758-764.

3) La légende, deux fois répétée, a été transcrite rapidement par Champollion dont Lefébure n'a pas amélioré la copie. Je la lis *Pa oubaou shetaou Sokari saa ni dfou shetaou* : le mot *oubaou*, déterminé par l'angle de terre,

d'une enceinte de sable sans porte apparente, et flanquée de chaque côté d'un sphinx accroupi, à corps de lion et à tête humaine, dont le buste seul apparait. Chacun d'eux s'appelle *Afou, la Chair*, « vit de la voix du dieu Grand, et ce qu'il fait, c'est de garder son image. » Dans l'intérieur, un grand serpent, nommé *Noutir-âd*, le Dieu Grand, muni à droite de deux têtes humaines, à gauche d'une seule tête humaine : il a deux ailes d'épervier entre lesquelles Sokaris à tête d'épervier est debout. Le serpent « vit de la magie de sa bouche chaque jour, » et le dieu à tête d'épervier « ce qu'il fait c'est garder sa propre image[1] » autrement dit Sokaris. La longue légende tracée au-dessus ajoute quelques renseignements à ce que nous apprend la vue du tableau. « L'image qui est en ce dessin est dans les ténèbres concrètes. L'aube de cette zone, qui renferme ce dieu [Sokaris], est produite[2] par les deux yeux des têtes du dieu grand dont les membres rayonnent, dont les jambes se replient en anneaux[3], du dieu grand qui garde les chairs de Sokaris, le dieu qui est sur ses sables[4], sa propre image. On entend la voix de cette zone en cette heure, lorsque le dieu grand [Râ] voyage sur ces dieux, comme les rugissements du ciel en sa fureur. » On voit que le serpent à trois têtes et le dieu à tête d'épervier ne forment qu'un même être : les jambes du dieu se confondent avec les replis du serpent. Ce personnage, composé par la réunion de plusieurs formes de Sokaris, est Sokaris veillant sur lui-même. Deux serpents montent la garde en face des deux

désigne l'objet même représenté, c'est-à-dire la zone où vit le serpent de Sokaris. Je ne serais pas étonné que les temples, surtout ceux de Phtah et des dieux des morts, renfermassent des zones de ce nom où vivait le serpent sacré nourri par les prêtres. En ce cas, on pourrait peut-être expliquer le nom du grand-prêtre de Phtah *Oir kharpou o ubou (amou)*, non point par « l'artiste en chef », comme on fait d'ordinaire, mais par « le Chef qui préside à la Zone, à la retraite » où se cache le Dieu. »

1) *Iritf p[i] saat samit.*

2) *Hazlooui, khouit arit noutir pen*, lit. : « L'aube de la zone gardienne de ce dieu, par les deux yeux, etc. ».

3) *Noutir da hdou-f hait ritoui m qabou*, lit. : « Ce dieu grand, ses chairs rayonnent, ses deux jambes en replis. » Le déterminatif de la ville que le texte de Champollion donne au verbe *hait, haiti* est faux : c'est le disque solaire qu'on doit reconnaitre, comme Lefébure l'a fait.

4) Le membre de phrase est écrit deux fois de suite, en deux orthographes différentes.

sphinx : d'abord *Topi-ni*, qui « vit de la voix des dieux terrestres, qui sort et qui entre et porte les dons des vivants à ce dieu grand chaque jour, sans qu'il les voit, [sans qu'il les aperçoive][1] », puis *Ankhiapou* qui « vit des flammes de sa propre bouche : ce qu'il fait, c'est de garder la zone[2], sans faire la ronde en aucune place de l'autre monde. » Quatre dieux accroupis sont placés en file devant ce dernier serpent : ce sont « les dieux qui ont les images mystérieuses de Sokaris, le dieu qui est sur ses sables », et ils portent sur leurs genoux qui la couronne blanche, qui la couronne rouge, la tête de bélier aux cornes flamboyantes ou les deux grandes plumes dont Sokaris se coiffe dans certaines circonstances. Une seconde légende dit qu'ils sont à la suite de ce dieu grand, le Soleil, quand il traverse cette région, mais sans être vus ni aperçus. Tous ces personnages sont placés, ainsi que la zone de Sokaris, au bord d'un étang allongé, *nouit*, des eaux duquel sortent à gauche quatre têtes d'homme, surmontées de flamme. Ces quatre « têtes embrasées » représentent des dieux qui sont dans l'Ammah : « les dieux qui sont dans l'*Ammah* poussent des hurlements de douleur quand la barque entre [et passe] par-dessus eux, vers l'adyton de l'autre monde.. Leurs eaux sont comme des flammes pour ceux qui sont dedans[3] ». Pour comprendre le sens de ces paroles, il faut se reporter au registre supérieur. Il représente une longue procession de divinités. Vers l'entrée de l'heure, une déesse coiffée de la plume de vérité, mais qui est la déesse de l'Occident, Amentit, allonge les bras vers une rangée de neuf haches plantées en terre, dont la première porte la couronne blanche, la dernière la couronne rouge, et qui tiennent la place d'une neuvaine (*psitou*) de dieux solaires. Le soleil leur adresse un discours perdu en partie : « le Dieu Grand : « A l'aide, ô déesse Amentit[4], indique le chemin de la Syringe où « reposent les dieux (?). Et vous, o cette neuvaine de dieux qui « êtes tous de mes chairs, vous qui êtes en vos frères, et qui êtes

1) La fin de cette légende, qui est mutilée, a été rétablie d'après la légende de l'autre serpent.

2) Lire : *Khouit*, au lieu de : *nouit* que donnent Champollion (p. 762), et Lefébure (pl. XXVIII).

3) Lefébure, *le Tombeau de Séti Ier*, première partie, pl. XXVI-XXIX Champollion, *Notices*, t. I, p. 758-761.

4) *Ti Amentit tot-et*, lit. : « Donne, Amentit, ton bras. »

« stables en vos biens, je vous protège, protégez-[moi]... [1] » En avant de la neuvaine des haches, marchent « les gardiens de l'étang des plongés[2] » cinq dieux à corps humain, dont les deux premiers ont tête d'homme et les trois derniers successivement tête de crocodile, d'épervier et de chacal : « Ils sont les gardiens de l'étang des plongés, et ce qu'ils font c'est [protéger le] passage de la barque de Râ. » L'« étang des plongés » est cet étang qui est figuré au bas du troisième chapitre, et « les plongés » sont ces génies dont la tête est embrasée, mais dont le corps entier est sous l'eau. Le Soleil s'adresse à leurs gardiens : « O vous qui vous êtes tenus près de vos eaux, qui gardez les berges, et qui faites votre ronde autour de l'Etang des Plongés qui sont dans le Nou[3], faites-les aborder, [ces plongés] aux berges de l'Océan de l'autre monde, à vos eaux qui ne se dessèchent jamais... pour que je navigue à travers vous en paix. » — « Dit ce dieu Grand : « Levez vos lances contre vos... « cette image cachée; brisez les fronts de vos coups d'épée, faites « vos fonctions, pour que je voyage à travers vous en paix. » Au delà, le dieu rencontrait une nouvelle image mystérieuse, une grande chambre voûtée, remplie de sable, et figurant comme l'indique le signe tracé au-dessus, les ténèbres ou la nuit : deux éperviers s'y cramponnent de leurs serres, un de chaque côté, et le scarabée du second registre en sort jusqu'à mi-corps. Un serpent à deux têtes veille sur ce réduit : « Il vit de Râ, chaque jour, il fait sa ronde en toute place convenable de l'autre monde, et c'est lui qui empêche le Scarabée. » Le Soleil lui dit : « O serpent *Ter* (qui écrase) dont j'ai ordonné la condition moi-même, ouvre-moi tes replis, ouvre tes replis que tu avais fermés en terre pour me garder, pour te lancer contre ceux qui sont à ma suite, afin que je voyage sur toi en paix. » Sept génies à têtes d'hommes et d'animaux, debout derrière le serpent, sont les justiciers « qui président à la destruction des morts en l'autre monde : ce qu'ils font, c'est de consumer le corps des morts des flammes de leur bouche, au cours de chaque jour. » Ils s'avancent en procession vers une déesse qui pose les mains sur un ennemi qui tombe devant elle : « Elle vit du sang des morts et de ce que lui fournissent ces dieux. » —

1) Lacune de quatre et peut-être de cinq colonnes.]
2) *Ari* écrit par *r* seule, et, plus loin, le pluriel *ariou* par trois *r* superposés.
3) Lire : *Ririou-tenou nouit* (et non *mihit*) *m mihiou amou-nou*.

« Dit ce Dieu Grand : « O bourreaux, gardiens qui présidez à la « destruction des morts, qui avez votre voix, qui avez reçu vos « enchantements, qui êtes munis de vos âmes, qui vous réjouissez « de vos sistres, vous qui écrasez les ennemis, qui anéantissez « les morts, qui mettez en pièces les ombres, vous qui anéantis- « sez et frappez de mort, vous donc qui rendez hommage à Osiris « et écoutez la voix d'Ounnofri, armez-vous de vos couteaux de « supplice, liez et portez les mains sur cette figure [de captif qui « est représentée] avec vous [devant la déesse][1], pour que je « voyage parmi vous en paix. » — « Quiconque sait cela passera à côté de la déesse en paix. » J'ai réservé pour la fin le petit tableau qui occupe l'extrémité droite du troisième registre, près de la porte qui sépare « la terre de Sokaris », le Ro-staouou, du domaine de la sixième heure, et qui « exclut le dieu, lorsqu'il se rend vers son image[2] ». Un serpent la garde ; à côté d'elle brille une grosse étoile à cinq branches, qui représente « le dieu vivant, qui marche, qui marche et passe ». C'est, je crois, l'image de la planète Vénus. Les Egyptiens avaient reconnu l'identité de l'étoile du matin et de l'étoile du soir[3] : sans se rendre un compte exact de la nature de son mouvement, ils supposaient qu'elle marchait en avant du Soleil dans la nuit comme au matin[4]. Le soleil, en traversant le domaine de la cinquième heure, rencontrait le scarabée Khopri et l'emmenait avec lui : il devait naturellement rencontrer au même endroit l'étoile du matin, compagne fidèle et messagère de Khopri.

1) *Zos soushoutou-tenou totoui tenou hi samou amou* [au lieu de *ami-ni*]-*tenou*, lit. : « Arrangez vos cordes et vos mains sur cette image parmi vous. »

2) *Joutif nutir* [*pe*]*n iou ni samou-f*, ou bien *noutir ni iou ni samou-f*, si le texte est complet, comme semble l'indiquer la copie de Champollion, *Notices*, t. I, p. 764.

3) Brugsch, *Astronomische und Astrologische Inschriften*, p. 73-74.

4) Sur l'apparition de cette étoile dans la barque solaire au matin, voir le *Livre des Morts*, ch. CIX. (*Edit.* Naville, pl. CXX.)

DEUXIÈME PARTIE

La sixième heure nous ramène dans un monde nouveau. « La Majesté de ce Dieu Grand pénètre dans *Madit-mou nibit douaoutiou* (l'abime d'eau, maître des dieux de l'autre monde), et adresse la parole aux dieux qui y sont, ordonnant qu'ils entrent en possession de leurs liturgies pour cette cité. Il croise en cette cité[1] muni de sa barque, attribuant aux dieux des champs pour leur nourriture, leur donnant de l'eau pour leurs bassins, en [ses] voyages en l'autre monde, chaque jour. — Le nom de la porte de cette cité est *Sopdou domoutou* (garnie d'épées), voie mystérieuse de l'Occident, sur l'eau de laquelle ce Dieu Grand navigue en sa barque pour régler les destinées des dieux de l'autre monde. Si leurs noms sont récités, si leurs corps sont connus, si leurs formes sont appréciées exactement, ainsi que leurs heures pleines de mystères et les propriétés inconnaissables de cette figure mystérieuse de l'autre monde, par un individu quelconque[2], si l'on exécute cela en peinture à l'image de ce qui est tracé sur la maison mystérieuse de l'autre monde, au midi de la maison mystérieuse, celui qui connait cela est un riche dans l'autre monde[3], et il a sa part des offrandes des dieux qui sont à la suite d'Osiris et il reçoit les offrandes que les siens lui font sur terre[4]. Tandis que ce dieu ordonne de donner des liturgies aux dieux qui sont dans l'autre monde, et qu'il se tient vers eux, ils le voient et

1) Deux des versions du *Tombeau de Séti Ier* (pl. XXXV, l. 179, pl. XXXIX), et plusieurs papyrus (Pierret, *Inscriptions*, p. 111) donnent *Skadoudou-f m ten âpirou*. Lanzone (*Le Domicile*, pl. X, l. 65) paraît donner *Skadoudou-f-m da âpirou...* « Il croise comme un grand pourvu... » La légende écrite au-dessus du tableau du registre moyen (*Tombeau de Séti Ier*, pl. XXXIX) fournit la véritable leçon *Skadoudou-f m noutt ten* [*âpi*]*rou oua*.

2) Lit. : « Réciter de leurs noms, connaître de leurs corps, être renseigné exactement (*mitenou*) de leurs formes, de leurs heures mystérieuses, des propriétés (*khirtou*) inconnues de cette image mystérieuse de l'autre monde, par homme tout... »

3) *Aou rokhou sit m ari ioutou m douaout*, lit. : « Est qui sait cela en Gardien d'abondance en l'autre monde ».

4) *Aou mdat-naf ouatbitou-f nib m to*, lit. : « Est il lui est donné tous ceux qui lui font offrande sur terre. »

ils entrent en possession de leurs domaines, de leur abondance, ils sont ce que ce Dieu Grand leur ordonne [d'être]. — *Madît mou nibît-douaoutiou* est le nom de cette contrée, et c'est la voie de la barque de Râ. Le nom de l'heure de la nuit qui guide ce Dieu Grand en cette région est *Maspirit ardît mdaou*[1]. Comme d'habitude, l'édition illustrée coupe en plusieurs morceaux le texte de l'Abrégé. C'est d'abord un sommaire en trois colonnes verticales : « La Majesté de ce Dieu Grand pénètre dans *Mâdit-mou nibit doua[outiou*, et ordonne] ce Dieu que ces dieux entrent en possession [de leurs liturgies pour] cette [cité]. Il croise en cette [cité], muni de sa barque, [leur] attribuant leurs [champs] pour leur nourriture, leur donnant de l'eau [pour] leurs [bassins] en [ses] voyages en l'autre monde, chaque jour. Le nom de la porte de cette cité est *Sopdou domoutou*[2]. [Le nom de cette heure] de la nuit qui guide ce Dieu Grand est *Maspirit râît maaou*[3]. » Le registre du milieu représente, selon l'usage, le fleuve céleste, et, dès le premier coup d'œil, nous voyons combien est grande la différence de ce tableau et des deux précédents. Le dieu *Afou-Râ* est de nouveau « muni de sa barque » : il a quitté, avec son équipage, le bateau-serpent qui le portait dans le domaine de Sokaris et est remonté sur le sien. Deux divinités seulement le précèdent, Thoth « le Khonti, maître de l'autre monde », un homme assis, à tête de cynocéphale qui porte un ibis sur sa main droite allongée, et *Amonît samou-s*, la « Mystérieuse en ces formes », une femme debout qui semble jeter deux prunelles d'yeux derrière elle. Au delà, on aperçoit une sorte de maison ou de chambre, dans laquelle seize momies sont debout : ce sont les maisons d'Osiris. « Ce Dieu Grand navigue en cette cité, muni de sa barque, sur une eau qui lui permet de se diriger à la rame, en cette contrée, vers le lieu où sont les corps d'Osiris[4]. La Majesté de ce Dieu Grand parle aux dieux qui sont en cette contrée, lorsqu'il aborde à ces maisons

1) Lefébure, *le Tombeau de Séti Ier*, quatrième partie, pl. XXXV, l. 174-210; Pierret, *Inscriptions*, t. I, p. 111-112; Devéria, *Catalogue*, p. 24-25; Lanzone, *Le Domicile des Esprits*, pl. X, l. 62-XI, l. 77.

2) Écrit *Sopdou modoutou*.

3) Lefébure, *Le Tombeau de Séti Ier*, quatrième partie, pl. XXXIX; *Description, Ant.*, t. V, pl. XL-2. C'est grâce à ce dernier texte que j'ai pu combler la plupart des lacunes du texte de Séti Ier pour cette heure.

4) *Skadoudou noutir pen da m nouit ten [dpi]r oua hi mou ni irit-f hdpit m sokhit ten r-haoukhitou osiri*, lit. : « Sur une eau de il fait rame en cette

mystérieuses qui renferment l'image d'Osiris, et ce dieu adresse la parole [à ces formes] mystérieuses qui sont en elles ; c'est la voix de ce Dieu [qu'elles entendent], puis il passe outre après qu'il a parlé[1]. — Tandis que ce Dieu ordonne qu'on donne des liturgies aux dieux qui sont dans l'autre monde, et qu'il se tient vers eux, ils le voient, ils entrent en possession de leurs domaines, de leur abondance, et ils deviennent ce que ce Dieu [Grand] leur ordonne d'être. — [*Madit*] *mou nibit douaoutiou* est le nom de cette contrée, [qui est la voie] de la barque de Râ. » Le discours de Râ est écrit à l'intérieur de la maison d'Osiris. Les momies qui l'habitent se divisent en quatre groupes de quatre, le premier comprend les *Souton*, les rois de la Haute-Égypte, coiffés de la couronne blanche, le second de simples particuliers *Hotpoutiou* en repos ou Riches d'offrandes, la troisième les rois de la Basse Égypte, coiffés de la couronne rouge, le quatrième des mânes ordinaires *Khouou*. Elles montent la garde sur un serpent à cinq têtes *Ash-hoou* (le multiple de faces) qui replie sa queue jusqu'à l'une de ses bouches et enveloppe un homme couché sur le dos ; celui-ci tient d'une main sur sa tête le scarabée, et s'appelle *Afou*, les chairs, le cadavre d'Osiris ou de Khopri. « La Majesté de ce Dieu Grand dit aux rois de la Haute Égypte, aux Riches d'offrandes, aux Rois de la Basse Égypte, aux Mânes qui sont en cette cité : « Que vos règnes soient avec vous, que vos couronnes blanches soient avec vous ! Que vos offrandes, ô Riches d'offrandes, soient avec vous, que vos couronnes rouges soient avec vous, Rois de la Basse Égypte. Que vos gloires soient avec vous, ô Mânes, que vos liturgies soient à vous, soyez en paix, soyez maîtres de vos âmes, soyez heureux, règnez sur vos villes, posez-vous en vos champs, unissez-vous à votre demeure mystérieuse, jouissez de vos formules, unissez-vous à vos offrandes, donnez aux dieux de quoi remplir leur bouche[2] ; vous, défendez-moi en terre, taillez en pièces le serpent Apôpi, ô Rois de la Haute-Egypte, Reposés, Rois de la Basse-Egypte, Mânes, qui êtes en terre. » Ceux qui sont en ce dessin debout à leur poste de bataille, ils entendent la voix de ce

contrée, vers les lieux des corps d'Osiris. » Le verbe *iri* est écrit de manière à présenter l'orthographe de *irit* ou *mirit*, *œil*.

1) Lacune comblée imparfaitement au moyen du texte de Nectanébo Ier.

2) Lit : « Donnez leur bouche aux dieux. »

dieu grand. Le maître de ses corps [le dieu couché] c'est Khopri en ses chairs lui-même. Quant à ce serpent *Ash-hôou* qui est en cette peinture, sa queue repliée en sa bouche, ce qu'il fait c'est de se lever avec cette image [qu'il contient], de passer vers l'Occident entier et de s'unir à toute la place de l'autre monde[1] : c'est par la voix de Râ que se meuvent les figures qui sont placées en ce serpent[2] », l'homme et le scarabée[3].

Au registre supérieur, la ligne d'inscription qui court au-dessus du tableau nous dit, dans les termes mêmes de l'Abrégé, que nous avons sous les yeux « la voie mystérieuse de l'Occident, sur l'eau de laquelle ce Dieu Grand navigue en sa barque, pour régler les destinées des dieux de l'autre monde. Si leurs noms sont récités, si leurs corps sont connus, si leurs formes sont appréciées exactement ainsi que leurs heures pleines de mystères et les propriétés inconnaissables de cette figure mystérieuse de l'autre monde, par un individu quelconque, si l'on exécute cela en peintures à l'image de ce qui est tracé sur la maison mystérieuse de l'autre monde, au midi de la maison mystérieuse, celui qui connait cela est un riche[4] dans l'autre monde, et il a sa part des offrandes des dieux qui sont à la suite d'Osiris, et il reçoit les offrandes que les siens lui font sur terre. » Les dieux en question sont les dieux du mythe osirien, et la procession qu'ils forment aboutit, comme celle du registre moyen, à des maisons secrètes. Ils se groupent en deux *psitou* ou neuvaines, dont la première a le corps humain, et la posture, familière aux dieux égyptiens, de l'homme qui est assis sur un siège invisible. Elle est aux ordres du dieu qui préside à la sixième heure, le dieu de l'abondance, momie à tête humaine et aux mains dégagées du maillot, qui tient en équilibre sur sa coiffure un pain et un vase de liqueur, *Hotpou*

1) Le texte est corrompu en cet endroit. Je le rétablis, partie d'après Nectanébo Ier, partie d'après d'autres passages ; *Oua...ni Amenti ni qatou-f* (au lieu de *dout)-naf r isit* (au lieu de *Osiri*) *nib nte douaout.*

2) *Khroou Râ pou iou samou amou-f*, lit. : « C'est voix de Râ, vont les images en lui. »

3) Lefébure, *le Tombeau de Séti Ier*, quatrième partie, pl. XXXIX-XLII.

4) *R-ioutou* avec la variante orthographique *Ari-ioutou*, comme *R-isit* à côté de *Ari-isit*, que nous avons rencontré plus haut. Je me demande si les formes coptes en *r-* initiale et même en *ref* ne viendraient pas, en partie au moins, de *Ari*.

Khonti douaouti, l'Offrande chef de l'autre monde. Viennent ensuite Isis coiffée de la couronne rouge, *Isit mihit*, Isis du Nord, puis *Osiris ami-hit noutirou*, Osiris plaisant aux dieux, Hor momie à tête d'épervier *Har-Khonti-Ahtif*, Hor chef de son champ, Thot momie à tête de cynocéphale, nommé *Benti ari-ahti-f* (var., *r-ahti-f*), le Bondisseur, gardien de son champ, un Osiris momie coiffé de la couronne blanche *Ma-hit Khonti ahti-f*, le Libéral, chef de son champ, puis trois déesses à tête humaine. « Ce Dieu Grand dit à ces dieux qui sont en cette contrée : « O dieux assis qui êtes en l'autre monde, Reposés (ou bien *Donneurs d'offrandes*[1]) gardiens de vos maîtres[2], vous à qui font votre offrande vos champs d'offrandes sur lesquels vous reposez chaque jour[3], unissez-vous à mes biens ; vous qui êtes actifs de vos mains, qui avez la libre disposition de vos pieds[4], dont les formes sont élevées, dont l'être est grand, qui êtes riches par vos biens, et puissants par ce que vous possédez, protégez Osiris de ceux qui commettent des actes de violence contre lui ! » Ce que font ces neuf dieux, dans l'autre monde, c'est de transmettre aux mains des dieux de l'autre monde leurs offrandes [prises sur] l'abondance [que produit] la bouche de ce Dieu Grand[5]. » C'est une fois de plus la fiction qu'on rencontre partout en Égypte : la formule, prononcée au bon moment par le dieu, suffit à assurer la réalité des offrandes aux personnes en faveur de qui il la récite. La seconde neuvaine se compose de rois figurés par neuf hachettes, armées chacune d'un couteau, et surmontées, les trois premières, de la couronne blanche, les trois suivantes de la couronne rouge, les trois dernières de l'uræus lovée. « Ce Dieu Grand adresse la

1) *Hofdiou* est intraduisible. Le verbe *hofdou*, *afdou* signifie *se baisser pour s'asseoir*, *s'affaisser*, par suite, *se laisser aller* au courant d'une rivière. Il marque ici la pose des dieux qui font le mouvement nécessaire pour s'asseoir mais ne sont assis sur rien.

2) *Ariou nibou-senou*, avec *ariou* écrit par trois *r*.

3) *Hotpou-ni-tenou, hotpou-tenou ahitou-tenou nte hotpou-tenou hotpou-tenou am-senou rá-nib ntetenou, hotpou, etc.*, avec allitération et jeu de mots sur les sens variés de *hotpou*, offrir, unir, reposer, etc.

4) *Nibou totoui mdaou rotoui*, lit. : « Maîtres de mains, exacts de pieds. »

5) *Irit-senou pen em douaout rá-hotpou ni noutirou douaout khorpou hotpou-senou hi-tot m toutou tapro ni noutir pen da*, lit. : « Cela qu'ils font en l'autre monde, c'est faire joindre les dieux de l'autre monde, le présenter (ou les prémisses de) leurs offrandes sur main de l'abondance de la bouche de ce dieu Grand. »

parole aux Majestés des rois de la Haute et de la Basse Égypte qui sont dans l'autre monde : « Vous qui portez la couronne blanche « et ceignez la couronne rouge, moissonnez dans vos domaines à « vous de l'autre monde qui produisent votre nourriture [1]. » La fin du discours est si mutilée qu'il est difficile d'en suivre le sens. Ces deux neuvaines aboutissent à une image de lion couché, surmontée des deux yeux et du signe *at* qui orne le bas de l'Œil d'Horus : ce lion, qui s'appelle *Ka-hemhomitou*, le Taureau des rugissements, est suivi d'une Isis assise, tournée ainsi que lui vers la droite. Derrière l'Isis, un Horus nu, *Hou-Zofaou*, et une momie armée du couteau et du crochet, montent la garde sur trois des maisons de Râ, munies d'une lucarne étroite à laquelle veille un serpent debout sur sa queue : la première *Haït-amen*, la Maison du Caché, renferme pour « emblème » le train de derrière d'un lion, signe de vaillance, et probablement image abrégée du sphinx solaire ; la seconde *Haït staouou khri Ahouti*, la Maison des passages du Guerrier, renferme une aile d'épervier, image abrégée de l'épervier solaire ; la troisième *Haït Domdit*, la Maison de Domdit, renferme une tête d'homme, image de Toumou. Ici encore, le discours du Soleil est endommagé vers la fin, et ne présente pas grand intérêt [2].

Le registre du bas est occupé par une représentation analogue à celles des deux registres supérieurs, une procession de divinités qui marchent vers une Maison où sont enfermés d'autres dieux. Huit dieux et quatre déesses forment le premier peloton. « La Majesté de ce Dieu Grand dit à ces dieux : « O ces dieux [qui vivez dans] l'autre monde à la suite du maître des dieux de l'autre monde, assis et debout du Nou, qui êtes en vos domaines, Dieux rayonnants qui êtes là en vos corps [3], et vous, déesses qui êtes assises à la suite du Scarabée au lieu où sont ses corps en l'autre monde, qui vivez [de] vos [vies], qui respirez de vos gosiers, qui rayonnez dans les ténèbres, qui êtes en possession des couronnes rouges, qui jouissez de votre nourriture, — qu'on voyage derrière moi, qui ai mon âme avec moi et qui suis uni à mes corps, afin que je passe à travers vous en paix. » — « Ces dieux entendent

1) Le verbe *asekhou* est écrit idéographiquement par la faucille.
2) Lefébure, *le Tombeau de Séti I*er, quatrième partie, pl. XXXIX-XLII.
3) *Ahi-ni Khitou-ni-tenou*, lit. : « Qui vous tenez de corps à vous. »

la voix de Râ, chaque jour, et respirent grâce à sa voix. Ce qu'ils font en l'autre monde, c'est de conduire les âmes, d'escorter les ombres, de procurer de l'eau aux mânes[1] » Devant eux le long serpent *Amou-Khouou*, le dévoreur de Mânes, rampe lentement, emportant dans ses replis quatre têtes humaines, celles des Enfants d'Horus, Amsit, Hapit, Doumaoutf, Qabhsonouf. Ce serpent est « invisible à ce Dieu Grand, [tandis qu'il a] en ses replis ces figures « de dieux qui entendent la voix de ce Dieu Grand chaque jour; ce « qu'il fait en l'autre monde, c'est d'avaler les ombres, et de manger « les mânes des ennemis [de Râ] renversés en l'autre monde. » La maison mystérieuse renferme quatre formes humaines d'Osiris, toutes les quatre suspendues dans la posture de l'homme assis, *Gaï*, *Menrotoui* (aux pieds fermes), *Nen-rotoui* (aux pieds débiles), *Ourdou* (l'immobile), et une neuvaine de serpents armés de couteaux et vomissant la flamme, dont on ne voit que le cou et la tête dressés au-dessus du sol, Totounen, Toumou, Khopri, Shou, Sibou, Osiris, Hor, Apou, Hotpoui. « La Majesté de ce Dieu Grand dit à ces dieux (en faisant allusion à la posture dans laquelle l'artiste a arrêté leur mouvement) : « O vous qui vous tenez debout « étant assis, vous qui vous levez étant affaissés, vous qui avez « vos âmes, qui êtes unis à vos ombres, qui vous levez de vos « pieds, qui courez de vos jambes, unissez-vous à vous-mêmes en « votre chair, et que vos membres ne soient point liés (des bande- « lettes funèbres). « Ils vivent donc de la voix de ce Dieu Grand, chaque jour, et ce qu'ils font c'est d'observer les deux voyages du Soleil, en l'horizon[2]. » Ce discours s'adressait aux divinités de forme humaine. Voici maintenant pour les serpents : « La Majesté de ce Dieu Grand dit à ces dieux mâles qui sont en cette cité : « Oh! « cette neuvaine d'images de mânes divins[3], vous qui avez des « faces de feu et qui êtes armés de vos glaives, consumez les « ennemis de Khopri, coupez en pièces leurs ombres, car vous êtes « les gardiens[4] des chairs mystérieuses, [vous] de qui le Nou est

1) *Iri khirtou khouou m moou*, lit. : « Faire les affaires des mânes en eux. »

2) *Pouti i i ni khouti*, lit. : « Observer aller et aller du double horizon », si toutefois la forme répétée *i i* n'est pas une faute de copiste ancien ou moderne, pour *i* suivi de la plume.

3) Le serpent qu'on voit derrière *noutirou* n'est pas le pronom de la troisième personne, mais le déterminatif des dieux représentés chacun par un serpent.

4) Écrit *roou*, comme le pluriel de *ro* bouche, pour *ariou*.

« la demeure, vous êtes[1] les habitants de l'eau de Tolounen (l'eau « primitive), ceux pour qui Khopri produit ses enchantements[2] afin « que vous respiriez par la parole de Râ, chaque jour. » Ce qu'ils font en l'autre monde, c'est mettre les morts en pièces, c'est livrer les âmes à l'anéantissement[3]. »

De même que la quatrième heure était comme le vestibule de la cinquième, la sixième était comme l'antichambre de la septième, qui renfermait la Retraite, la Châsse d'Osiris. Le texte de l'Abrégé pour cette heure est interrompu brusquement, dès le début, au Tombeau de Séti Ier : le sculpteur n'ayant plus de place s'est arrêté au milieu d'une phrase et n'a jamais repris son travail. Nous pouvons suppléer à sa négligence pour une heure encore, grâce aux papyrus de la XXe dynastie. « La Majesté de ce Dieu Grand pénètre dans la *Retraite d'Osiris*, et la Majesté de ce Dieu Grand adresse la parole pour cette Retraite aux dieux qui sont en elle[4], et ce dieu fait les pratiques [nécessaires] pour passer son chemin contre Apopi, grâce aux incantations d'Isis et aux incantations de Samsou[5]. — Le nom de la porte de cette cité que franchit ce Dieu Grand est *Routi-Osiri* (Portail d'Osiris). Le nom de cette localité est *Tophit shetaît* (Retraite mystérieuse), voie mystérieuse de l'Amentit, à travers laquelle ce Dieu Grand voyage en sa barque secrète. — Lorsqu'il passe sur cette voie, sans courant, sans halages, il navigue grâce aux incantations d'Isis et aux incantations de Samsou, grâce aux charmes de la bouche de ce Dieu lui-même, dont l'effet est de mettre en pièces[6] en l'autre monde, pour ce cercle, le serpent Apopi dont la place est au ciel. — Si l'on fait cela selon le modèle qui est dessiné sur le nord de la maison mystérieuse en l'autre monde, cela sera utile au ciel et sur la terre; celui qui saura cela sera un mâne glorieux auprès de Râ. Si l'on fait ces incantations d'Isis et ces incantations de Samsou, ceux qui les feront seront de ceux qui

1) La légende, interrompue brusquement, reprend de l'autre côté de la porte.

2) *Khopriou mâkou Khopri r sorekou senou*, lit. : « Se produisent les enchantements de Khopri pour qu'ils respirent. »

3) Lefébure, *le Tombeau de Séti Ier*, quatrième partie, pl. XXXIX-XLII.

4) Lefébure, *le Tombeau de Séti Ier*, quatrième partie, pl. XXXV, l. 210-213.

5) Les Papyrus montrent que telle est dans ce cas la lecture du signe lu ordinairement *Sar* ou *oiri*; Samsou est Thot.

6) Lit. : « Qui font coupements d'Apopi. »

repoussent Apopi loin de Râ, dans l'Amentit, et si on les fait sur terre l'effet sera le même; celui qui saura cela sera de ceux qui sont dans la barque de Râ au ciel et sur la terre, mais celui qui ne connaitra pas ce tableau [1], ne saura pas repousser *Neha-ho*. Or l'étendue du domaine du serpent *Neha-ho* dans l'autre monde est de quatre cent quarante coudées [2] en largeur et en longueur, et il la remplit de ses replis, mais on lui réserve un espace où le Dieu Grand ne voyagera pas sur lui [3], lorsqu'il passera son chemin vers la Retraite d'Osiris, car ce Dieu Grand navigue en cette cité sous forme du serpent *Mehni* (l'enveloppeur). — Quiconque sait cela sur terre sera de ceux dont le serpent *Neha-ho* ne boira point l'eau; l'âme de qui sait cela ne sera point livrée aux violences des dieux qui sont dans ce cercle, mais quiconque sait cela sera de ceux dont le crocodile *Abou-shdou* (Corne des sables) ne mange point l'âme [4]. Le nom de l'heure de la nuit qui guide ce Dieu Grand en cette cité est *Khosfit-haou hosqit Neha-ho* celle qui repousse Haou et tranche Neha-ho. » Cette région avait des périls spéciaux que notre texte énumère longuement : elle manquait d'eau, et le passage où il est dit que le serpent Neha-ho n'avalera point l'eau de qui sait les incantations nécessaires semble indiquer que ce manque d'eau était l'œuvre du serpent *Neha-ho* (à la face de tempête). Pour naviguer, il fallait donc au Soleil des moyens nouveaux et la magie les fournissait : grâce à Isis et à Samsou, la barque passait dans un chenal que le serpent Neha-ho, frappé d'immobilité et tailladé à coups d'épée, ne pouvait plus obstruer et arrivait à la Retraite, à la Châsse d'Osiris.

L'édition illustrée met en action ce que l'*Abrégé* se contente de raconter. Elle débute par trois colonnes verticales de renseignements généraux : « La Majesté du Dieu Grand pénètre dans la

1) *An dnd-rokh samou pen at-rokh-f ni khosft nehaho*, lit. : « Est le privé (le manquant) de connaître ce tableau, ne connaissant pas de repousser Neha-ho », avec une allitération voulue entre le mot *ândou* et la négation *at*, prononcée peut-être à la mode archaïque *anti*, *antou*.

2) Les Papyrus donnent 450 (Pierret, *Inscriptions*, t. I, p. 114; Lanzone, *Le Domicile des Esprits*, pl. XI, l. 95).

3) *Iritou dzit-f ero-f at-dpópou noutir pen da hi-ro-f*, lit. : « Est fait un champ de lui pour lui ne point passer ce dieu Grand sur lui, etc. »

4) Pierret, *Inscriptions*, t. I, p. 112-115; Lanzone, *Le Domicile des Esprits*, pl. XI, l. 78-97; Déréria, *Catalogue*, p. 25-26.

Retraite d'Osiris, et la Majesté de ce Dieu Grand adresse la parole pour cette *Retraite* aux dieux qui sont en elle, et ce Dieu fait les pratiques [nécessaires] pour passer son chemin contre Apopi, grâce aux incantations d'Isis et aux incantations de Samsou. Le nom de la porte de cette cité que franchit ce Dieu Grand est *Routi-Osiri*. Le nom de cette localité est *Tophit-Shetaït*. Le nom de l'heure de la nuit qui guide ce Dieu Grand en cette cité est *Khosfit-haou hosqit-neha-ho*[1]. » Sur le registre du milieu, la barque solaire apparait comme d'habitude; mais quelques changements se sont produits à bord, qui sont appropriés aux périls de la région. La charpente de la cabine est remplacée par un long serpent sinueux qui relève la tête en avant : c'est *Mehni*, le défenseur d'*Afou*. La « patronne du bateau », qui se tenait, coiffée de ses cornes, immédiatement avant la cabine, a mis sur sa tête le siège d'Isis et s'est placée à la proue, d'où elle récite ses incantations en allongeant les bras; enfin Sa a pris la place de la déesse le long de la cabine, et s'est transformé en *Samsou*, le magicien, comme l'indique le nom tracé en petits hiéroglyphes au-dessus de sa tête. « Ce Dieu Grand navigue en cette cité, en la voie du cercle d'Osiris, grâce aux récitations des incantations d'Isis et des incantations de Samsou, pour passer son chemin contre Neha-ho. Si on fait ces incantations d'Isis et ces incantations de Samsou, on repoussera Apopi de Râ, selon ce qui est tracé à l'Occident, dans la maison mystérieuse de l'autre monde[2], et si on les fait sur terre, l'effet sera le même; celui qui fera cela sera de ceux qui sont dans la barque de Râ, au ciel et en la terre, mais celui qui ne connaîtra pas ce tableau ne saura pas repousser *Neha-ho*. » L'espace qui s'étend devant la barque est rempli par « le canton de *Neha-ho* dans l'autre monde, qui a quatre cent quarante coudées en largeur et en longueur, et remplit son canton de ses replis; mais on lui réserve un espace où le Dieu Grand ne voyagera pas sur lui, lorsqu'il passera son chemin vers la *Retraite d'Osiris*, car ce Dieu Grand navigue en cette cité sous forme du serpent *Mehni*. » Ce dernier trait n'est pas exact, puisque le dieu garde sa tête de bélier et son corps d'homme, mais il est

1) Lefébure, *le Tombeau de Séti Ier*, quatrième partie, pl. XLIII. Le texte de cette heure n'est pas reproduit sur le cercueil de Nectanébo Ier.

2) Le texte est écrit en abrégé et peut-être fautif. Je lis : *ni khosfou Apopi ht Râ* (au lieu de *t Râ*), *m kadou* (?) *ni Amenti m Amonit nte douaout*.

facile d'en expliquer le sens : la cabine est close, et ce que les habitants de l'heure, amis ou ennemis, aperçoivent du Dieu, c'est la tête et le corps du serpent Mehni qui le recouvre et l'enveloppe. *Neha-ho* fait face à la barque : *Neha-ho* n'est qu'un nom d'Apopi, l'ennemi du Soleil. Il est étendu de son long, le corps traversé de six épées, retenu au cou par la déesse *Selkit*, l'étrangleuse, à la queue par le dieu *Hri-tasou-f* (le chef de ses glaives), qui le lient de bandelettes solides. « Celui qui est en ce dessin, Apopi, parcourant son pays qui est dans l'autre monde — *Zaou* (le Gué) est le nom de ce canton, — il a quatre cent quarante coudées de long et de large ; c'est sa voix qui guide les dieux vers lui. Quiconque est avec le serpent [1], quand ce Dieu Grand entre dans cette cité, — car *Afou* s'arrête en face de la terre *de Neha-ho*, pouvant passer sur lui, mais cependant Selkit est à la tête [du serpent] et *Hri-tasou-f* jette son lacs destructeur à ses pieds, après qu'Isis l'a dépouillé [le serpent] de ses incantations et Samsou de sa force, — le dieu le fait profiter de leurs charmes [2]. Quiconque sait cela sur terre est de ceux dont *Neha-ho* ne boit point l'eau. » Cet obstacle franchi, le Soleil arrivait à la Retraite et à ses gardiennes. Nous savons qu'Osiris avait, à l'époque classique, quatre âmes figurées par quatre béliers, par le bélier à quatre têtes, par le taureau de l'Occident à quatre cornes, par les quatre éperviers : cela suppose autant de corps, et en effet la Retraite, ou mieux la Châsse, d'Osiris, se composait de quatre Retraites ou de quatre châsses quadrangulaires, surmontées de deux têtes affrontées posées chacune à un bout du coffret. A l'intérieur, un tas de sable, un véritable tumulus, cache le corps du Dieu, et la forme même de cette sépulture indique combien est

1) *Aouf namaf.* Ici, comme en beaucoup d'autres endroits de nos textes, la préposition composée *n-am* est l'équivalent du copte *nem*, avec : *f* désigne dans le second cas le serpent. Le scribe paraît avoir voulu dire que tout mort, qui est arrivé au domaine de la septième heure et se trouve là avec le serpent, doit profiter, pour passer, des incantations faites par Isis pour Râ.

2) La phrase est fort difficile à comprendre. Je la traduis mot à mot comme il suit : « Celui qui est avec lui, lorsque ce dieu Grand entre cette ville, se fixe Afou en face terre (*âm kher âfou khoft to*, ce mot *to* désignant la contrée que possède *Neha-ho*, comme plus haut, *to-f*) pour voyager sur lui, mise *Solkit* (avec le déterminatif du *gosier*, au lieu de *h* qui ne signifie rien) à la tête, *Hri-tasou-f* il donne le lasso destructeur à ses jambes, après qu'a arraché (*nohmou*) Isis le incantations, Samsou la force, il [le Soleil] donne [aux morts] des incantations d'Isis et de Samsou pour que les morts puissent passer comme lui. »

ancienne l'idée exprimée par ce tableau : la première châsse « renferme l'image de Toumou[1] », la seconde « renferme l'image de Khopri », la troisième « renferme l'image de Râ », la quatrième « renferme l'image d'Osiris ». Chaque châsse était gardée par une déesse armée d'un couteau. « Ce sont les déesses[2] qui tranchent Apopi dans l'autre monde et qui repoussent les ennemis de Râ; celles qui sont en ce dessin avec leurs tranchoirs tranchent Apopi chaque jour. » Voilà pour les déesses. La légende des châsses n'est pas moins claire : « Ce sont ici les talismans mystérieux de l'autre monde, les coffres des têtes mystérieuses. Ceux qui ont atteint ce canton, les têtes [qui sont dans les coffrets en] sortent, lorsqu'elles entendent [la voix de Râ], puis elles disparaissent[3] après que ce Dieu Grand a traversé cette cité; . . . .[4]. » Deux personnages, un homme et une femme debout, complètent la garde des châsses et terminent le registre[5].

Le registre supérieur est surmonté d'une ligne d'hiéroglyphes dont le texte est emprunté à l'*Abrégé* : « Voie mystérieuse de l'Amentit, sur laquelle ce Dieu Grand voyage en sa barque secrète. — Lorsqu'il passe sur cette voie sans eau, sans halages, il navigue grâce aux incantations d'Isis et aux incantations de Samsou, grâce aux charmes de la bouche de ce Dieu lui-même dont l'effet est de mettre en pièces, en l'autre monde et pour ce cercle, Apopi dont la place est au ciel. — Si l'on fait cela selon le modèle qui est dessiné sur le nord de la maison mystérieuse en l'autre

1) Dans la légende de cette châsse et dans celle des trois châsses suivantes, la préposition *khri* est écrite une fois avec l'orthographe ordinaire, une seconde fois par le signe des cornes.

2) Lire : *Noutritou pe nakitou apópi.*

3) [*Ntesenou*] *âmou-kher-senou samou-senou*, litt. : « elles mangent leur propre forme. » Cette phrase revient plusieurs fois dans des descriptions d'objets ou de génies appartenant à l'autre monde. Le sens en est facile à saisir. Ces objets, ici les châsses, sont animés par des génies qui, en temps ordinaire, se dissimulent à l'intérieur et demeurent invisibles. Quand le soleil passe, ils sortent leurs têtes, les têtes humaines figurées sur le tableau et décrites dans l'inscription, pour apercevoir le dieu et le saluer : quand le dieu a passé, *ils mangent, ils avalent leur propre image*, ou, moins métaphoriquement, ils ramènent la tête à l'intérieur et redeviennent invisibles.

4) Plusieurs colonnes, détruites ou mutilées, ont été rétablies d'après d'autres passages de sens analogue.

5) Lefébure, *le Tombeau de Séti Ier*, quatrième partie, pl. XLIII-XLVI.

monde, cela sera utile au ciel et en terre tant qu'on vivra[1]; celui qui le saura sera un mâne glorieux auprès de Râ. » La partie gauche du registre est remplie par une scène qui représente le triomphe d'Osiris sur ses ennemis. Le dieu, appelé pour la circonstance *Afou-Osiri*, les chairs d'Osiris, est coiffé de deux longues plumes et trône, le sceptre et la croix ansée en main, sous les replis d'un serpent immense qui est une forme de *Mehni*; derrière lui sont une uræus à tête de femme, *Ankhiti* (la vivante), une déesse à tête de lionne, debout, *Hakoniti* (la crieuse), et un dieu momiforme à tête humaine, assis sur un siège et qui tient dans les mains une bandelette ou une lanière de cuir recourbée, *Shopsou* (l'auguste)[2]. Le Soleil s'adresse d'abord à ces trois personnages et les prie de le laisser passer, car « je suis venu pour éclairer [le dieu] qui est dans les ténèbres, pour introniser celui qui est dans [les anneaux de] Mehni. » Il se tourne ensuite vers Osiris « qui est en Mehni, » le « chef de l'autre monde, maître de vie, le roi de l'Amentit », et lui demande sa protection « pour passer en paix sur lui, » c'est-à-dire sur son domaine, et ne pas être confondu parmi les ennemis que le dieu fait tuer devant lui. Trois de ces derniers, agenouillés, viennent d'être décapités par un dieu à tête de tigre ou de chat; trois autres déjà liés (*Outi*) ont été renversés par un dieu à tête d'homme *Ankou* (le serreur), et attendent le même sort. « La majesté de ce dieu : « O Mânes ennemis d'Osiris « rebelles contre *Khont-douauti*, vous dont les mains sont attachées « et qui êtes liés de vos chaînes, dont les âmes sont égorgées et « les ombres découpées[3], *Ankou* (le serreur) vous a serré de ses « cordes, si bien que vous ne pouvez jamais sortir de ses attaches. » Au delà, trois éperviers à tête humaine, tous trois coiffés du pskhent, représentent « les âmes vivantes, » probablement des dieux qui sont avec Osiris, mais les mutilations dont le texte a été l'objet ne nous permettent pas de l'affirmer. Un serpent gigantesque, qui porte, assis sur un de ses anneaux, un dieu barbu à tête humaine, les chairs de Toumou (*Afou Toumou*), termine le

1) *M to tep-to*, lit. : « En terre, étant sur terre. »

2) Un dieu de ce nom, peut-être Thot, a été représenté par Harmhabi dans le spéos de Silsilis.

1) *Ousha* (écrit par l'oiseau *Oushou*), *ni biou-tenou, askou ni khaïbit-tenou*, lit. : « Egorgés en vos âmes, découpés en vos ombres. »

registre : les restes de l'inscription nous apprennent que ce serpent « lance sa flamme contre les rebelles » à Osiris, et « mange (*qaqou*) les âmes » des ennemis du dieu[1]. Le registre inférieur est rempli entièrement par une double procession de génies. Les douze premiers, couronnés d'étoiles, sont des astres et se dirigent vers un dieu à tête d'épervier, surmontée du disque solaire. « Cette figure est Hor sur son siège (*Har hi Khondou-f*). Cette image qui est en ce dessin, ce qu'elle fait en l'autre monde, c'est de passer la revue des dieux-étoiles, c'est de présider aux levées des heures en l'autre monde[2]. Hor de l'autre monde (*Har douaouti*) à ces dieux-étoiles : « Vous qui avez le compte exact de vos chairs[3] et qui avez vos talismans, vous qui êtes unis à vos étoiles et vous dressez en faveur de Râ à l'horizon qui est en l'autre monde, chaque jour, soyez derrière lui, et que vos étoiles le guident pour traverser en paix l'Occident excellent, vous dieux [toujours] debout (*dhâîou*) qui habitez le monde terrestre, allumez pour moi vos étoiles au ciel, afin que je rejoigne le maître de l'horizon[4]. » La seconde procession, formée de femmes représentant les douze heures, tourne le dos à la première. Elle se dirige vers un énorme crocodile qui, couché sur un monceau de sable, garde l'image, le fétiche de cette heure, la « tête d'Osiris » : ce crocodile « *Abou-Shâou* au firmament » est celui qui, d'après le texte de l'*Abrégé*, ne pouvait point dévorer les âmes des morts instruits aux mystères de l'autre monde[5]. « La majesté d'*Har-douaouti* aux heures qui sont en cette cité : « O heures vivantes, ô heures étoilées, ô heures qui défendez Râ et vous battez pour le compte de *Khonti-Khouti*, vous qui prenez vos formes et vous appuyez sur vos images, levez vos têtes et conduisez ce Râ qui est dans l'horizon vers l'Occident excellent [pour qu'il passe à travers vous] en paix[6]. » Ce sont ces dieux et

1) Lefébure, *le Tombeau de Séti Ier*, IVe partie, pl. XLIII-XLVI.

2) *Irit dhdou ounnoutou*, lit : « faire les levées des heures. »

3) *Mdâ ni afou-tenou*, lit : « Exacts en vos chairs. »

4) *Ntetenou* (au lieu de *nou-tenou*) *iri-tenou-ni* (au lieu de *r-tenou*) *sibouou-tenou dm*[*ou*]-*pit sout-is hotpou*-[*f*] *nib-khouti*, : « Vous donc, faites pour moi vos étoiles qui sont au ciel, alors, à savoir, je rejoindrai le maître de l'horizon. »

5) Voir plus haut, t. XVIII, p. 9

6) Le texte est incomplet; deux ou trois colonnes ont été passées, soit par le dessinateur ancien, soit par le copiste moderne. J'ai suppléé ce qui manquait grâce aux passages correspondants des discours de Râ.

« ces déesses qui conduisent ce dieu grand [sur] la voie mystérieuse de cette cité. — Celui qui est en ce dessin, le crocodile *Abou-shdou*, lui, il est le gardien du fétiche de cette ville[1]. Dès qu'il entend la voix de la barque de Râ [adressée] à l'œil qui est dans sa mâchoire, la tête qui est en son pays sort; elle disparait après que ce Dieu Grand a passé outre[2]. — Qui sait cela, *Abou-shdou* ne mangera point son âme[3]. » Toute la partie relative au crocodile serait très obscure, sans une glose que le rédacteur a ajoutée en petits caractères près de la tête humaine : « C'est Osiris, l'œil de Râ », l'Ouza. Le soleil égyptien était poursuivi sans cesse, comme le soleil de tous les pays, par des animaux qui menaçaient de l'engloutir, serpents, pourceaux, crocodiles. Le crocodile qui monte la garde sur la tête d'Osiris était du nombre de ces monstres destructeurs. Couché sur son domaine, qui est peut-être le tumulus d'Osiris, il veille pour empêcher qu'on ne nuise au dieu. La magie peut l'enchainer tout le temps qu'il entend la voix de Râ; lorsque le dieu qui est « en sa mâchoire » — nous dirions « sous sa mâchoire », — a sorti sa tête de terre, il est impuissant contre quiconque vient vers lui et se présente pour aller au-delà. Les âmes qui connaissent cette particularité, profitent du moment où il est sous le charme pour passer avec le soleil, sans risquer d'être dévorées.

La septième heure n'avait qu'une importance relative, car on l'a supprimée au sarcophage de Nectanébo Ier, où la place manquait; l'*Abrégé* s'arrête ici, et dès lors, nous n'avons plus que le texte illustré pour nous guider à travers les cinq derniers nomes de la nuit. Du moins, les papyrus viennent-ils à notre aide et nous permettent-ils de combler souvent les lacunes du texte monumental. La huitième heure est divisée en cercles, habités chacun par des dieux spéciaux et séparés l'un de l'autre par des portes. « La majesté de ce Dieu Grand pénètre dans les cercles des dieux mystérieux qui sont sur leurs sables et leur adresse la parole dans sa barque, tandis que ses dieux le halent en cette cité, grâce aux talismans secrets du serpent *Mehni*. — Le nom de la porte de cette cité est *Ahâ an ourdou-naf*. Le nom de cette cité est

1) *Samouni nouit-tenou*, « l'image de cette ville », c'est-à-dire la tête d'Osiris.

2) *Amou kherouf samou-f* lit : « elle mange sa propre image. » Voir plus haut, p. 12, note 3, l'explication de cette métaphore.

3) Lefébure, *le Tombeau de Séti Ier*, IVe partie, pl. XLIII-XLVI.

Tobaït-noutirou-s. Le nom de l'heure de la nuit qui guide ce Dieu grand est *Nib.* . . . .[1]. » Les cercles et leurs portes sont figurés aux deux registres du haut et du bas : « Cercles mystérieux de l'Occident à travers lesquels voyage ce Dieu Grand, sa barque halée par les dieux de l'autre monde. — Si on les fait selon le modèle qui est dessiné sur le nord de la maison mystérieuse de l'autre monde, quiconque les connaitra en leurs noms sera riche en bandelettes[2] sur terre, et ne sera pas repoussé des portes mystérieuses, mais il aura les offrandes en grands tas, en vérité. » Le registre du milieu nous montre la barque solaire revenue, ou peu s'en faut, à son état primitif. Mehni recouvre encore le dieu, mais Isis a repris, avec ses cornes, sa place le long de la cabine et son titre de patronne de la barque. Huit personnages à tête humaine, les « dieux de l'autre monde qui hâlent dans la région *Tobaït-noutirou-s,* » tirent la barque à la cordelle. « Ce dieu navigue en cette ville, halé par les dieux de l'autre monde, en sa forme mystérieuse de Mehni. Ce dieu adresse la parole aux endroits où sont tous les cercles de cette cité, ainsi qu'aux dieux qui sont en elle, et c'est leur voix (la voix des cercles) qu'il entend lorsqu'il leur a adressé la parole. Leurs figures et leurs corps se raffermissent sous [leurs] sables[3], et leurs portes s'ouvrent à la voix de ce dieu, chaque jour, puis ils se cachent [de nouveau] après qu'il a passé à travers eux. Ce qu'ils font en l'autre monde, c'est de haler Râ par les voies de cette cité. » Eux à ce dieu qu'ils halent : « Viens à ton image mystérieuse, ô notre dieu! vers toutes les syringes divines qui sont dans l'Amentit, unis-toi fortement [à elle], afin qu'il te plaise éclairer les ténèbres de ceux qui sont sur leurs sables (*Hriou shâou-senou*); unis-toi, ô Râ, à ceux qui te halent[4]. » Devant les huit dieux sont fichés en terre neuf signes bizarres,

1) Lefébure, *le Tombeau de Séti Ier*, IVe partie, pl. XLVII, *Description de l'Egypte, Antiquités*, t. V, pl. 40, 3.

2) *M ari* (écrit *r*) *monkhit*, lit « en gardien de bandelettes ».

3) *Aou samou-senou ni zolou-senou [ni-kh]aou-senou khritou shâou [senou aou] sibaou-senou oun ni khroou noutir pen*, lit « Sont leurs images de leurs corps établies en leurs formes qui sont sous leurs sables, et leurs portes s'ouvrent à la voix de ce Dieu. »

4) Les lacunes, qui rendent assez incertaine la fin de ce discours ainsi que le commencement du discours suivant, peuvent être comblés au moyen du texte de Nectanébo.

formés à l'image de l'hiéroglyphe *Shos*, qui signifie un serviteur, mais munis d'un couteau et d'une tête humaine : le signe des étoffes est placé devant chacun d'eux. Ils représentent évidemment des *serviteurs* du dieu, et les noms placés auprès d'eux indiquent leurs vertus ou leurs fonctions, *Iriou-kimit* (formes de l'Égypte), *Hotpou-to* (paix ou union de la terre), *Amonou* (caché), *Seshtaou* (mystères), *Sokhmou-Khaibitou* (embrasseur d'ombres), *Nibourzor* (seigneur pour tout). « [Ceux qui sont en ce] dessin sur la voie où ce dieu est halé, avec leurs étoffes devant eux, en la forme [qu'a faite] le dieu [Hor] lui-même, ce dieu grand leur adresse la parole, à eux dont la vie est tout entière en ces têtes dont sont munies leurs images [1]; et quand ce dieu grand les interpelle par leurs noms, ce qu'ils font, c'est de [saisir] les ennemis de Râ en [tous] endroits de cette cité, puis de passer leurs têtes au fil de l'épée [2], après que ce Dieu a voyagé à travers eux. » En avant, quatre béliers sont rangés, chacun devant le signe des étoffes, et portent sur la tête, entre les cornes, le premier un disque solaire, le second une couronne blanche, le troisième une couronne rouge, le quatrième un disque surmonté de deux plumes. Ce ne sont pas, à proprement parler, quatre dieux, mais quatre formes de Totounen (Phtah) numérotées un, deux, trois et quatre, le numéro un répondant au bélier coiffé du disque, et le numéro quatre au bélier coiffé des plumes. « Ceux qui sont sur ce dessin en l'autre monde, avec leurs étoffes devant eux, en la forme [qu'a faite] le dieu [Hor], ce dieu [Râ] leur adresse la parole quand il est arrivé à eux, et eux ils adressent la parole à ce dieu de leurs voix joyeuses et mystérieuses, et ce dieu pousse des cris de joie à leur voix. Après que [le soleil] est passé à travers eux et que les ténèbres les cachent [de nouveau], ils prennent les diadèmes de Râ (le disque, les deux couronnes, les plumes) et Totounen s'unit [de nouveau] à la terre [3]. » Les cercles de cette heure sont au nombre de dix, cinq au registre supérieur, cinq au registre inférieur : toutes les portes qui mènent de l'un en l'autre ont un nom commençant

1) *Onkhamit-senou topou m samou-senou*, lit : « Vie qui est en eux, les têtes en leurs images. »

2) *Râit senni kher-senou topou-senou ni sifou-senou.*

3) Lefébure, *le Tombeau de Séti Ier*, IVe partie, pl. XLVII-XLIX; *Description, Antiquités*, t. V, pl. XL, 3 Registre moyen.

par le mot *tas*, couteau. La première au registre d'en haut s'appelle *Tas-nib-zerer...* Les trois dieux qui y sont assis sur le signe des étoffes sont : « l'image de Toumou », « l'image de Khopri » et « l'image de Shou ». « Ceux qui sont en ce dessin, sur leurs étoffes, selon le mystère qu'a fait Hor, l'héritier-enfant, lorsque ce dieu [Râ] adresse la parole à leurs âmes, après qu'il est entré en cette cité des dieux qui sont sur leurs sables, on entend la voix de ceux qui sont enfermés en ce cercle comme [celle] de nombreuses abeilles[1], quand leurs âmes parlent à Râ. *Seshta* est le nom de ce cercle. » La porte du second cercle s'appelle *Tas Aâ Totounen*[2]. Les trois dieux qui y sont assis sur le signe des étoffes sont « l'image de Tafnouit », « l'image de Sibou» et « l'image de Nouit ». « Ceux qui sont en ce dessin, sur leurs étoffes, établis sur leurs sables, selon le mystère qu'a fait Hor, lorsque ce dieu [Râ] adresse la parole à leurs âmes aux lieux où ils sont, on entend la voix de ceux qui sont enfermés en ce cercle comme la voix de femmes qui crient[3], quand leurs âmes parlent à Râ. *Douaout* est le nom de ce cercle. » La troisième porte s'appelle *Tas âkhimou* (couteau des statues prophétiques), et trois divinités sont assises derrière elle, « l'image d'Osiris », « l'image d'Isis », « l'image de Hor ». « Ceux qui sont en ce dessin, sur leurs étoffes et établis sur leurs sables, selon le mystère qu'a fait Hor, lorsque ce dieu Râ adresse la parole à leurs âmes aux lieux où ils sont, on entend la voix de ceux qui sont enfermés dans ce cercle, comme la voix des hommes qui gémissent, quand leurs âmes s'adressent à Râ. *Asi-noutirou* (syringe des dieux), est le nom de ce cercle. » La quatrième porte s'appelle *Tas shotm noutirou* : les trois dieux sont « l'image de *Ka Amentit* (taureau de l'Occident) », « l'image de *Bi-noutirou* (bélier des dieux) », « l'image de..... *noutirou* (..... des dieux) ». « Ceux qui sont en ce dessin, sur leurs étoffes, et établis sur leurs sables, selon le mystère qu'a fait Hor, lorsque ce dieu adresse la parole à

1) *Aou sotemtou khroou khetmou m qririt ten mi afou ashou ni-ebiou*, lit : « Est entendue la voix des scellés en cette région comme mouches nombreuses de miel. »

2) *Tas hapou Totounen*, au sarcophage de Nectanébo.

3) Le texte de Séti Ier donne une version *dm.....*, que je ne comprends pas ; celui de Nectanébo a *Sokrou ni s-hime*, le chant, avec frappements de mains, des femmes égyptiennes. C'est la leçon que j'ai adoptée.

leurs âmes aux lieux où ils sont, on entend la voix de ceux qui sont enfermés dans ce cercle, comme la voix des femelles qui appellent (?) les taureaux et les maris, quand leurs âmes s'adressent à Râ. *Akebi* (le gémissant) est le nom de ce cercle. » La cinquième porte s'appelle *Tas Sama kakoui*, les trois dieux sont « l'image de l'ichneumon (*Khatiroui*) », « l'image d'*Affi* (une sorte de brochet dont le dieu porte la tête) », « l'image de *Ari ânbi-f* (le gardien de ses deux jujubiers, un des noms de Thot cynocéphale) ». « Ceux qui sont en ce dessin, sur leurs étoffes, établis sur leurs sables, selon le mystère qu'a fait Hor, lorsque ce Dieu [Râ] adresse la parole à leurs âmes aux lieux où elles sont, on entend la voix de ceux qui sont enfermés dans ce cercle, comme la voix de Qui prie avec ferveur [1], quand leurs âmes s'adressent à Râ. *Nibit-Samou-nifou* est le nom de ce cercle. » Une dernière porte, *Tas Khaïbitou douaoutiou*, s'ouvre, au delà de laquelle une déesse se tient debout [2]. La première porte du registre inférieur est *Tas-remen-to*, et le premier cercle renferme une déesse à tête humaine, le serpent *Mehni*, replié sur lui-même, les flèches du Soleil au nombre de trois, et un homme à tête de bélier, *Nibrokhitou* (le maître des intelligents). Ce cercle paraît être une annexe du premier cercle de la rangée supérieure, et je ne serais pas étonné qu'il fallût appliquer la même observation aux cercles suivants : on dirait qu'ils sont tous une dépendance du cercle placé au-dessus d'eux. « Ceux qui sont en ce dessin, sur leurs étoffes, au mystère qu'a fait Hor, l'héritier enfant, lorsque ce dieu [Râ] adresse la parole à leurs âmes, après qu'il est entré en cette cité des dieux qui sont sur leurs sables, et lorsqu'il les salue en leurs châsses [3], on entend la voix de ceux qui sont enfermés en ce cercle comme le miaulement des chats mâles, quand leurs âmes saluent Râ. *Hotpit nibou-s* est le nom de ce cercle. » La seconde porte s'appelle *Tas-Râ Kheftiou-f* : les trois divinités sont *Nouit* (le ciel), *To* (la terre) et *Sobkou-ho* à tête de crocodile. « Ceux qui sont en ce dessin, avec leurs étoffes, établis sur leurs sables, selon le mystère qu'a fait Hor, lorsque ce Dieu [Râ] salue leurs âmes au lieu où ils

1) *Nehou da neshi-f*, lit : « le priant, grande sa violence. »

2) Lefébure, *le Tombeau de Séti Ier*, IVe partie, pl. XLVII-XLIV; *Descriptions, Antiquités*, t. V, pl. 40, 3 registre supérieur.

3) Corriger d'après les autres passages *em atourtiou-senou*.

sont dans leurs chapelles, on entend la voix de ceux qui sont enfermés en ce cercle comme le rugissement du Vivant, quand leurs âmes saluent Râ. *Hotmit-Khomiou* est le nom de ce cercle. » La troisième porte s'appelle *Tas-sokhmou-iriou*, mais la chambre renferme quatre personnages comme la première, quatre momies d'hommes dressées sur leurs pieds, *Hobsti* (var. de Nectanébo, *Monkhiti* le filateur), *Satiti* (le rayonnant), *Tobiti* (le pétrisseur), *Zomziti* (l'assembleur). « Ceux qui sont en ce dessin, avec leurs étoffes en face d'eux, établis sur leurs sables, selon le mystère qu'a fait Horus, lorsque ce dieu [Râ] salue leurs âmes, au lieu où ils sont dans leurs chapelles, on entend la voix de ceux qui sont enfermés en ce cercle comme les cris de guerre des champs de bataille du Nou [1], quand leurs âmes saluent Râ. *Hapou samou-s* est le nom de ce cercle. » La quatrième porte, *Tas sopdou-nasitou*, s'ouvre sur quatre autres momies, *Kakou* (les ténèbres), *Menhi*, *Zor-Biou* et *Khabs-to*. « Ceux qui sont en ce dessin, avec leurs étoffes en face d'eux, établis sur leurs sables, selon le mystère qu'a fait Horus, lorsque ce dieu [Râ] salue leurs âmes, aux lieux où ils sont dans leurs chapelles, on entend la voix de ceux qui sont enfermés en ce cercle, comme le son du cri de l'épervier divin d'Hor, quand leurs âmes saluent Râ. *Sahtrit Biou* (*âkhimou* dans le texte de Nectanébo) est le nom de ce cercle. » La cinquième porte s'appelle *Tas-Khouou*. La cinquième chambre renferme quatre uræus lovées qui sont posées sur le signe des étoffes. « Celles qui sont en ce dessin, sur leurs étoffes, établies sur leurs sables, lorsque ce dieu [Râ] les salue aux endroits où elles sont, elles qui éclairent par les rayonnements lumineux qui s'échappent de leurs bouches, mais sans sortir de leur cercle [2], et on entend la voix de ceux qui sont enfermés dans ce cercle, comme le gazouillement d'un étang de chasse [où nichent les oiseaux d'eau], quand ils saluent Râ. *Aït-tekaou* est le nom de ce cercle. » La dernière porte s'appelle *Tas amou Mitiou m-shetaou-f;* au delà on n'aperçoit plus qu'un personnage, le dieu Nou, qui paraît présider à l'endroit où

1) *Mi khroou haa ni piritou m nou*, lit : « comme voix [de qui] court aux champs de bataille dans le Nou. »

1) *Haz kher-satiou-senou m mâdit ro-senou at-piri-senou*, lit : « Éclairant leurs rayonnements de la profondeur de leur bouche sans sortir de leur cercle. » Ce membre de phrase ne se trouve pas sur le sarcophage de Nectanébo Ier.

l'on anéantit les âmes en cette heure [1]. Tous ces dieux, qu'on nous représente comme munis de leurs étoffes et placés solidement sur leur sable, sont des dieux morts : nous savons, en effet, par les représentations du *Livre des Funérailles* [2], qu'on établissait la statue du mort et, par suite, le mort lui-même, sur un tas de sable, avant de commencer les cérémonies dernières de l'enterrement. C'était le rite qu'Hor avait établi pour Osiris, et qui était devenu plus tard commun à tous les morts. Sokari, le dieu des morts, était *Celui qui est sur son sable* (*Hri shâou-f*) dans la montagne libyque. Osiris avait été *établi sur son sable* à l'exemple de Sokari, et les autres dieux à l'exemple d'Osiris. La huitième heure était donc le cimetière des dieux, et le soleil y passait entre deux lignes de chapelles doubles (*Atourti*) ou de naos d'où les dieux morts le saluaient. Leurs paroles, s'ils avaient la faculté d'en prononcer, n'arrivaient pas distinctes jusqu'à lui, mais chaque cercle avait sa voix gracieuse ou terrible, que l'on comparait au bruit confus produit par une foule d'êtres animés.

La neuvième heure est, en partie au moins, sous l'influence des mêmes idées que la huitième. « Ce dieu grand pénètre en ce cercle, adresse de sa barque la parole aux dieux qui y sont, et prend à son bord les matelots qui doivent conduire sa barque pour cette cité [3]. Le nom de la porte de cette cité par laquelle ce dieu entre et pénètre sur le bassin qui est en cette cité, est *Saa-akab* (gardien de l'Océan céleste). Le nom de cette cité est *Bisit-iriou onkhit-Khopirou* (regorgeant de formes, vivant d'êtres). Le nom de l'heure de la nuit qui guide ce dieu grand est *Douaoutit mâkitit ni nibou-s* (l'habitante de l'autre monde qui protège son maître [4]). » La barque est toujours dans le même état, et la cabine d'Afou est en-

1) Lefébure, *le Tombeau de Séti Ier*, IVe partie, pl. XLVII-XLIX; *Description de l'Égypte*, *Antiquités*, t. V, pl. XL, 3, troisième registre. Le texte de Nectanébo supprime la déesse et le dieu Nou qui terminent, au tombeau de Séti Ier, les registres du haut et du bas.

2) Cfr. *Revue des Religions*, t. XV, p. 166.

3) Ce n'est qu'une paraphrase du texte égyptien : *hotpou astiou oua ni noutir pen r nouit ten*, lit. : « se joignent les matelots de la barque de ce dieu pour cette région. »

4) Lefébure, *le tombeau de Séti Ier*, IIe partie, pl. XV. Ce début du texte manque sur les papyrus et au sarcophage de Nectanébo Ier; il n'a pas été copié par Champollion.

veloppée des replis du serpent Mehni. Devant elle marchent, la rame en main, les douze rameurs du soleil pour cette région, *Khonou*[1] (le nautonier), *Akhemi-sokou-f* (l'indestructible), *Akhem-ourdou-f* (l'immortel), *Akhem-hemi-f* (celui qui ne rebrousse jamais chemin), *Akhemi-si-f* (celui qui ne passe point), *Akhem-Komsou-f* (celui qui ne fuit point), *Khonou Ounnout-f* (celui qui navigue son heure), *Hapouti-to-f* (celui qui parcourt sa terre), *Holp-oua* (qui est uni à la barque), *Noutir-noutirou* (le dieu des dieux), *Za douaout* (celui qui traverse l'autre monde), *Topi*. La légende explique le tableau. « Ce dieu grand s'unit à ses nautoniers[2] pour cette cité, et ses matelots s'unissent à sa barque [où il est] en son image de Mehni. Ce dieu grand[3] adresse la parole aux dieux qui sont en cette ville, qui sont les dieux matelots de la barque de Râ, les nautoniers en la montagne d'horizon, pour qu'il arrive en l'*ârrit* orientale du ciel. Ce qu'ils font en l'autre monde, c'est de faire naviguer Râ pour cette cité, chaque jour, ils sont là pour le [service du] bassin où flotte la barque [de Râ et qui arrose] cette cité[4]; ils donnent de l'eau avec leurs rames aux mânes qui sont en cette cité[5], acclament le maître du disque, et ils font se lever l'âme [du disque] en ses formes, par leurs paroles mystérieuses, chaque jour. » Le rôle de ces matelots est double, comme on voit : tout en ramant, ils jettent de l'eau, avec le plat de leurs rames, aux mânes qui sont rangés sur les deux rives acclamant au passage Râ le maître du disque, et ils amènent l'âme de Râ vers le point où elle doit animer de nouveau le disque et rendre un nouveau soleil à la terre. Les deux momies d'épervier à tête d'homme, à tête d'épervier, et la vache, qui sont posées sur autant de corbeilles, représentent les dieux d'abondance : « Ceux qui sont en ce dessin dans cette cité[6], ils donnent

1) C'est à la hauteur de ce personnage que commence la partie conservée de la copie de Champollion, *Notices*, t. I, p. 777.

2) *Holpou-senou* (*Description*, *Antiquités*, V. 40, 4 registre moyen).

3) Le texte des papyrus du Louvre (Pierret, *Inscriptions*, t. I, p. 117; Devéria, *Catalogue*, p. 26-28) et de Turin (Lanzone, *le Domicile des Esprits*, pl. I) commence sur ces mots.

4) *Aha-senou r nit oua amit nouit ten*, lit : « Ils se tiennent pour le bassin de la barque qui [le bassin] est dans cette cité. »

5) *Ni khouou amou nouit-ten*, mais *amou* est écrit avec la plume *a* et l'eau *mou*.

6) L'écrivain du tombeau de Séti Ier a répété deux fois, par mégarde, ce membre de phrase.

l'abondance aux dieux qui sont en l'autre monde; quand Râ leur a donné l'abondance de pains et de cruches de bière, les dieux qui sont derrière ce dieu grand poursuivent leur voyage vers l'horizon oriental du ciel derrière lui, mais sous le nom de *Holpou-noutirou-douaout* (offrandes des dieux de l'autre monde [1]). » En effet, on voit à l'extrémité du tableau ce nouveau dieu, en forme de momie, qui n'est qu'un déguisement de Râ [2]. Le registre d'en haut est surmonté d'une ligne d'hiéroglyphes [3]. « Cercles mystérieux de l'Amentit où arrive ce dieu grand en l'autre monde. Si on les fait avec leurs noms à l'image du tableau qui est représenté à l'Orient de la maison mystérieuse de l'autre monde, quiconque saura leurs noms étant encore sur terre, et connaîtra leurs places (*sitou-senou*) dans l'Amentit, arrivera à sa place propre (*sit-f*), en l'autre monde, sera en tous les lieux réservés à ceux qui ont la voix juste, comme les gardiens de Râ et les Pharaons (?), et cela lui sera utile, [même tandis qu'il est encore] sur terre [4]. » La procession des divinités commence par douze figures de momies à tête d'hommes, accroupies sur le signe des étoffes, et se termine par douze déesses debout. « Ceux qui sont en ce dessin dans l'autre monde, établis sur leurs étoffes, en forme des figures qu'a faites Hor [5], à eux Râ : « Vous qui êtes enveloppés dans vos étoffes, qui êtes cachés en vos linceuls, vous que Hor a enveloppés ici lorsqu'il a caché son père [Osiris] en l'autre monde qui cache les dieux, dépouillez vos têtes, ô dieux, démasquez vos faces, rendez vos devoirs à Osiris, adorez le maître de l'Amentit, soyez justes de voix contre ses ennemis chaque jour. » Ce sont les gardes du corps de ce dieu [Râ] qui défendent, par les paroles, Osiris chaque jour, et ce qu'ils font en l'autre monde, c'est de renverser les ennemis d'Osiris. — Celles qui sont en ce dessin, avec les corps qu'elles ont en l'autre monde

1) *Em-khet kherou-f* (var. *em khet-ro-f*) *Hotpou-noutirou-douaout* (avec le déterminatif du dieu), lit : « derrière lui *Hotpou-noutirou-douaout.* »

2) Lefébure, *le Tombeau de Séti Ier*, Ire partie, pl. XV-XVIII; Champollion, *Notices*, t. I, p. 777-782; Pierret, *Inscriptions*, p. 117-118; Déveria, *Catalogue*, p. 27 ; Lanzone, *le Domicile des Esprits*, pl. I; *Description*, *Antiquités*, V. 40, 4 registre moyen.

3) Elle manque dans la copie de Champollion.

4) Lefébure, *le Tombeau de Séti Ier*, IIe partie, pl. XV-XVIII.

5) Nectanébo donne *iri nni Hor*, avec l'*épervier* au lieu du signe du *chemin*, pour le nom du dieu.

en la figure qu'a faite Hor, ce dieu [Râ] les salue, après qu'il est arrivé vers elles, elles respirent, elles entendent sa voix; ce qu'elles font en l'autre monde, c'est de faire les récitations [de charmes] pour Osiris, c'est de saisir[1] l'âme mystérieuse par leurs paroles, c'est de faire monter la vie et la force aux lèvres de l'habitant de l'autre monde (Osiris)[2].. .. » Le registre inférieur est rempli de façon analogue. Ce sont d'abord douze uræus, perchées sur le signe des étoffes et vomissant la flamme. « Noms des uræus qui allument la flamme pour le dieu qui est en l'autre monde, avec le feu qui est en leur bouche : elles ravalent leur chaleur après que le dieu [le soleil] a passé au milieu d'elles[3] » et les noms suivent en effet, significatifs du rôle que jouent ces vipères. « Celles qui sont en ce dessin en l'autre monde, avec les membres de leurs corps en flammes, elles éclairent les ténèbres en l'autre monde, auprès d'Osiris, par les flammes de leurs bouches, et produisent des massacres en l'autre monde[4]; elles repoussent tous les serpents qui sont sur terre et dont le dieu de l'autre monde ignore la nature (en d'autres termes, qui pourraient être hostiles au dieu des morts), elles vivent du sang de ceux qu'elles mettent en pièces chaque jour, lorsque les incantations des morts sont mises à l'épreuve par leurs charmes mystérieux. Quiconque saura cela, verra leurs charmes sans passer par leurs flammes[5]. » Ces douze uræus sont donc des monstres propres à la neuvième heure, et différents des douze uræus que nous avons rencontrées au domaine de l'heure

1) *Sokhnou*, lit : « embrasser ».

2) Lefébure, *le Tombeau de Séti Ier*, IIe partie, pl. XV-XVIII, Champollion, *Notices*, t. I, p. 777-782; Pierret, *Inscriptions*, t. I, p. 115-117; Dévéria, *Catalogue*, p. 26-27; Lanzone, *le Domicile des Esprits*, pl. I; *Description*, *Antiquités*, t. V, 40, 4 registre supérieur.

3) Légende mutilée dans tous les textes, mais facile à rétablir. *Ranou [draït]-ou sit-te[kaou]u ni [noutir] khenti douaout m nas ami-ro-senou àmou bisaou-senou m-khet àpapou noutir pen [hi] se[nou]*. Elles ravalent leur flamme comme les coffrets et le tas de sable mentionnés plus haut (cfr. p. 12, note 3, et p. 15, note 3), ravalent leur tête humaine, après que le soleil a dépassé l'endroit où elles sont.

4) Ce début, qui est mutilé au tombeau de Séti Ier, a été rétabli d'après le sarcophage de Nectanébo Ier.

5) *Ni apap nte skhouou moutiou ni sheta ni khouou-senou*, lit « au passer des incantations des morts au mystère de leurs talismans. » Autant que je puis comprendre, l'auteur veut dire que les talismans, les charmes magiques des

première : leurs flammes éclairaient le chemin du soleil, pendant le temps que le dieu demeurait dans le cercle, puis elles les ravalaient et laissaient tout autour d'elles plongé dans l'obscurité jusqu'au retour d'un soleil nouveau, vingt-trois heures plus tard. Elles étaient précédées de neuf dieux, marchant en file sous la conduite d'une momie, un bâton tordu à la main : ce sont les fellahs (*sokhittiou*) du nome. « Tous les dieux cultivateurs de cette cité ont le signe de vie et le sceptre en mains. Ceux qui sont en ce dessin avec leurs signes de vie et portant leurs sceptres, quand ce dieu grand les a salués, ils adressent [à leur tour] la parole[1] aux dieux qui sont en l'autre monde pour cette cité, ils font naître tous les arbres, toutes les plantes de cette cité. *Har hri shdou noutirou* (Hor qui est sur les sables des dieux) est le gardien de l'image de cette contrée. » Cet Hor est le dieu-momie qui est debout en tête des dieux-campagnards[2].

Dixième heure. « Quand ce dieu grand arrive en ce cercle, il adresse la parole aux dieux qui y sont. Le nom de la porte de cette cité par laquelle entre ce dieu est *Aa-khorpou mas-iriou* (grande en principes, féconde en formes). Le nom de cette cité est *Madit qaouazbou* (l'Océan aux hautes berges). Le nom de l'heure de la nuit qui guide ce dieu grand aux chemins mystérieux de cette région est *Dondit ouhsit khakou-hit* (la frappeuse qui découd les obstinés de cœur[3]). Nous verrons que ce nome mérite son nom : les eaux y prédominent. La barque du soleil présente le même aspect que dans l'heure précédente, seulement le dieu tient un serpent à la main en guise de sceptre. Immédiatement en avant de la barque

uræus, servent à vérifier la bonté des formules d'incantation (chapitres du *Livre des Morts*, des divers *Rituels*, etc.) que tous les morts égyptiens portaient avec eux. Si ces incantations résistaient à l'épreuve, les morts passaient indemnes, sinon ils étaient détruits et servaient de nourriture aux uræus.

1) Presque tous les textes donnent ici une expression *snom moutiou* qui est inusitée. Le texte de Nectanébo donne la variante *ouaz moutiou*, qui nous permet de traduire par *adresser la parole, répondre*.

2) Lefébure, *le Tombeau de Séti Ier*, IIe partie, pl. XV-XVIII, Champollion, *Notices*, t. I, p. 777-782; Pierret, *Inscriptions*, t. I, p. 118-120; Déveria, *Catalogue*, p. 27-28; Lanzone, *le Domicile des Esprits*, pl. I; *Description, Antiquités*, t. V, 40, 4, troisième registre.

3) Lefébure, *le Tombeau de Séti Ier*, IIe partie, pl. XIX; Champollion, *Notices*, t. I, p. 782; Pierret, *Inscriptions*, t. I, p. 120-121; Déveria, *Catalogue*, p. 28.

est un groupe formé d'un serpent à deux têtes, replié en forme de cornes et posé sur deux paires de jambes marchant en sens opposé. C'est *Zas-hoou* (le porteur de faces), et sa tête de gauche, chargée de la couronne rouge, est tournée vers une Nit coiffée également de la couronne rouge (*Shemirti*, l'archère), et sa tête de droite, chargée de la couronne blanche, est tournée vers une déesse coiffée également de la couronne blanche. Dans la courbe décrite par le dos du serpent, *Khonti-Har*, l'épervier noir, est debout. Vient ensuite une barque basse, sur le pont de laquelle s'allonge le serpent *Onkh to* (vie de la terre), et devant laquelle s'avancent processionnellement douze personnes divisées en trois groupes de quatre. Le premier groupe a le disque solaire en guise de tête et tient, appuyée à l'épaule, une flèche empennée, pointe en bas ; le second a la tête humaine barbue et tient une javeline courte, pointe en haut ; le troisième a également la tête humaine et tient un arc déjà garni de sa corde. Tous portent des noms appropriés à leurs fonctions, le fléchier, le piquier, l'archer, etc. « Ce dieu grand navigue en cette cité, en ce dessin, dans sa barque. Ses matelots, qui sont des dieux, le mènent rejoindre les dieux qui sont en cette cité dans l'eau de leurs rames, ils respirent grâce au son de la nage[1] de cet équipage de dieux. » — « Celles qui sont en ce dessin soutiennent de chaque côté[2] *Zas-hoou*, qui est le fils de Sokari en l'autre monde : cette figure, telle qu'elle est là, voyage à la suite de ce dieu grand vers l'horizon et entre avec lui en notre monde terrestre chaque jour. » Khonthar est un de ces décans du ciel égyptien[3], et ce passage est une allusion au rôle astronomique qu'on lui prêtait, et que je ne suis pas en état de préciser pour le moment. Quant au serpent « qui vit en ce dessin, en sa

1) Le verbe *Ahah*, que renferme ce passage se rapporte au mot *ahou* qui veut dire *rame*. Il signifie donc probablement *ramer*, *nager*. Le sens de la phrase me paraît être celui-ci : les habitants de l'heure, plongés dans l'eau comme nous le verrons au registre inférieur, ne respirent librement qu'au moment où le Soleil passe parmi eux, et le son que produit la rame de l'équipage divin leur rend la vie.

2) *Em remenouti zas-hoou*, lit : « à l'état d'épaulant à elles deux *zas-hoou*. » *Remenouti* est le duel féminin de *remonou*, *épauler*, *appuyer*.

3) Brugsch, *Astronomische und Astrologische Inschriften*. p. 138, n° 11. Les Grecs l'ont transcrit *Χοντάρ* (Goodwin dans les *Mélanges égyptologiques* de Chabas, 2e série, p. 291-174) et *Χοντάρε*.

barque », il fait, je crois, pendant à celui que nous avons rencontré au domaine de Sokaris[1]; « il préside aux ténèbres concrètes pour le portail de l'est, et rejoint [là] sa place, chaque jour, c'est la sentinelle mystérieuse de Khontamentit. » — « Ceux qui sont en ce dessin, avec leurs flèches, avec leurs piques, avec leurs arcs, en avant de ce dieu grand, et qui sortent avec lui vers l'horizon oriental du ciel, à eux, ce dieu grand : « Vous qui courez avec vos « flèches, qui êtes armés de vos piques, qui avez vos arcs bandés, « tuez-moi mes ennemis qui sont dans les ténèbres ; jusqu'au por- « tail de votre horizon, soyez derrière moi[2], que je rejoigne ceux « qui soulèvent ma chair [pour la mettre] dans la barque Mândit. » Ils repoussent le serpent hostile *Neha-ho* dans les ténèbres concrètes, et quand ce dieu Grand voyage en l'*ârrit* orientale de l'horizon, ils voyagent avec ce Dieu Grand à sa suite[3]. »

Le registre supérieur est surmonté d'une ligne horizontale d'hiéroglyphes : « Cercle mystérieux de l'Amentit où Khopri s'unit à la destinée de Râ, et où les dieux, les mânes, les morts sont établis en la figure mystérieuse de l'*Aougarit*. — Si l'on fait ces choses selon le modèle qui en est tracé à l'est de la maison mystérieuse de l'autre monde, quiconque connaîtra tout cela par son nom parcourra l'autre monde et le traversera sans être empêché de se réunir [à ceux qui sont] avec Râ[4]. » L'on voit, en effet, au début du registre, la naissance de Khopri : le scarabée pousse devant lui sa zone remplie de sable, sous la surveillance du dieu à tête humaine *Pânkhi*. « Ceux qui sont en ce dessin, dans l'autre monde, ce sont les actes des naissances de Khopri : il porte sa zone[5] pour cette cité afin de sortir vers la montagne d'horizon oriental du ciel. » Tout ici roule sur le calembourg établi dès l'origine entre le nom *Khopiri* du soleil levant et celui *Khopirrou* du scarabée. Le Dieu, représenté par un scarabée, pousse devant lui, à l'exemple

1) Voir plus haut, t. XVII, p. 300.

2) *R-routi khouit-tenou-ni m-kheti*, lit : « jusqu'au portail de votre horizon à moi, avec moi. »

3) Lefébure, *le Tombeau de Séti I*er, IIe partie, pl. XIX-XXII; Pierret, *Inscriptions*, t. I, p. 123-125; Dévéria, *Catalogue*, p. 29-30; Lanzone, *le Domicile des Esprits*, pl. II-III.

4) Cette ligne manque dans Pierret et dans Dévéria.

5) Les deux papyrus donnent la véritable leçon *nouit-f*, déterminée par la zone, au lieu de la leçon fautive de Séti Ier.

du scarabée, la boule de terre où il a déposé son œuf ; seulement, comme l'œuf du scarabée-dieu est le soleil, la boule est ici la zone allongée qui sert de déterminatif à la montagne d'horizon, et de laquelle le soleil sort à son lever, dans laquelle il rentre à son coucher. Le tableau suivant représente deux serpents entrelacés, formant un seul être nommé *Maninoui*, debout sur la pointe de leur queue et supportant sur leurs têtes un gros disque solaire ; à droite et à gauche, deux petites filles portant le doigt à la bouche par le geste familier à l'enfance, font le mouvement propre à qui s'assied, celle de gauche coiffée de la couronne rouge, celle de droite de la couronne blanche. Au troisième tableau, la hache des dieux nommé ici *Konit* est debout en terre, couronnée du disque solaire, que deux femmes, à demi-assises comme les premières tiennent en équilibre. Ce sont des représentations analogues à celles qu'on a employées plus tard pour figurer le matin : le soleil, posé sur le signe de l'Orient, et soutenu par Isis et Nephthys debout de chaque côté. La légende en explique le sens. « Ces déesses, qui sont en ce dessin, celles de l'Orient sortent du serpent Maninouï, celles de l'Occident sortent de la hache *Sodfit*[1] ; elles amassent les âmes en terre, elles empilent les mânes en l'autre monde, sur cette image mystérieuse qui est là, puis elles rentrent leurs âmes[2] après que ce Dieu grand a passé au milieu d'elles. » Autant que j'en puis juger, ce texte obscur nous montre les divinités jumelles logées dans le serpent et dans la hache, rassemblant les âmes et dévorant celles que Râ n'a point voulu sauver au moment où il passe dans le domaine de l'heure. Elles sont suivies de huit déesses, les quatre premières à tête de lionne, les quatre

2) Je ne vois d'autre moyen d'expliquer ce passage qu'en supposant [*piri-*]*senou* derrière *amentit*, comme il est derrière *abtit*. Les mots *Orient* et *Occident* sont employés ici comme les mots *gharbi* et *charqi* en arabe d'Egypte pour désigner la *droite* et la *gauche*. On remarquera en effet que le premier groupe, celui qui est qualifié d'*oriental* est à la gauche, le second groupe, celui qui est qualifié d'occidental, à la droite du spectateur.

3) Lire *âmou kher-senou khouou* (var. *biou*)*-senou*, lit : « elles mangent leurs âmes », avec la métaphore que j'ai déjà signalée plusieurs fois (cf. p. 12, note 3, p. 15, note 3 et p. 24, note 3). Les figures de femmes sont les âmes cachées dans le double serpent et dans la hache, avant l'arrivée du soleil. Quand le soleil entre dans la dixième heure, elles sortent de leur retraite, accomplissent leurs fonctions, puis se résorbent dans les serpents et dans la hache, dès que le soleil a quitté l'heure.

dernières à tête de femme, qui s'avancent le sceptre et la croix à la main, vers un cynocéphale-momie, assis sur la pointe de sa queue et qui leur présente à deux mains l'œil mystique. « Ces déesses qui vérifient l'œil d'Hor pour lui en l'autre monde, à elles Râ : « O vous dont les âmes sont puissantes par leurs puissances, « jugez l'œil d'Hor pour Hor, affermissez l'œil d'Hor pour Hor, « unissez Hor à son type[1] Hor, faites jouir Hor de son œil, fixez « sur lui son premier œil qui est entre les mains du Dieu cynocé« phale, défendez Hor [par la voix], vous qui produisez la produc« tion des êtres. Ce qu'elles font en l'autre monde, c'est de défendre « l'œil d'Hor pour Hor et de faire que sa lumière marche chaque « jour. » Après ce groupe de divinités qui aident le soleil à naître chaque jour, examinant si son œil est en bon état, huit dieux dont le premier a deux rubans en guise de tête, dont le second et le troisième ont tête de chacal et d'épervier et dont le dernier *Khenti menitou-f* est une momie osirienne, coiffée de la couronne blanche, s'avancent en bon ordre jusqu'à l'extrémité de l'heure. « Ceux qui sont en ce dessin, en la forme qu'a faite Hor, tandis que ce dieu grand leur adresse la parole en leurs noms, ils s'unissent et vivent aux souffles qui sont en la bouche de ce Dieu Grand, leurs âmes voyagent derrière lui vers l'horizon, ils dépouillent les corps et brisent les enveloppes funèbres des ennemis [de Râ], et procurent leur anéantissement en l'autre monde.[2] »

Au registre inférieur, le scribe a représenté les scènes qui se passent dans les profondeurs de « l'Océan aux hautes berges ». Hor, à tête d'épervier surmontée du disque, surveille, appuyé sur son bâton, les évolutions de seize personnages, les quatre premiers plongés dans l'eau (*mihiou*), les quatre suivants qui nagent couchés sur la poitrine (*agaïou*), les quatre derniers qui suivent le fil de l'eau en faisant la planche (*setasou*) : « Hor dit aux plongeurs, aux nageurs, aux flotteurs qui sont dans le Nou en l'autre monde : « O plongeurs qui brillez dans le Nou et dont les mains masquent

1) Le signe *at* qui est figuré plus haut (p. 6) entre les deux yeux d'Hor, et qui représente la matière, le corps du Soleil, d'où tous les êtres découlent sous forme de pleurs.

2) Lefébure, *le Tombeau de Séti Ier*, IIe partie, pl. XIX-XXII; Pierret, *Inscriptions*, t. I, p. 121-123; Dévéria, *Catalogue*, p. 28-29; Lanzone, *le Domicile des Esprits*, pl. I-III; Champollion, *Notices*, t. I, p. 782-786.

« la face[1], vous qui nagez la face tournée vers l'eau en l'autre « monde[2] et dont les joues sont [gonflées] d'eau, vous aussi qui flottez « sur l'eau du Nou en faisant la planche[3] à la suite de vos âmes, « dont les âmes ont perdu la respiration, et qui battez l'eau de vos « mains pour la retrouver[4], parcourez le Nou [en nageant] de vos « jambes, sans que vos jambes soient repoussées, sortez en ce « bassin, descendez en ces flots, remplissez-vous du grand Hapi, « abordez à ses berges, sans que vos membres pourrissent, sans « que vos chairs se putréfient, soyez maîtres de vos bras en votre « eau, respirez [comme] je vous l'ai ordonné, car vous êtes les ha- « bitants du Nou, avec les plongeurs qui sont à sa suite, et que vos « âmes vivent[5]. » Au delà des lacs, quatre femmes sont debout, les épaules chargées d'un serpent dont la gueule s'ouvre au-dessus de leur tête. Une houlette, plantée en terre, et surmontée de la tête caractéristique de Sit, représente le gardien du domaine de l'heure, Sit, le prince éveillé : « Les divinités qui sont en ce des- « sin, et dont les figures vivent par la tête, elles éclairent la voie de « Râ dans les ténèbres concrètes, et quand ce Dieu sort vers « l'*Arrit* orientale de l'autre monde, Sit, le prince éveillé, voyage « avec lui[6]. »

La dixième heure était vouée à l'eau, la onzième l'est au feu. « La Majesté de ce Dieu arrive en ce cercle et adresse la parole aux dieux qui y sont. Le nom de la porte de cette cité par laquelle entre ce Dieu grand est *Sokhnou-douaoutiou* (celle qui embrasse les

1) *Totoui-senou mrokou hi senou*, « leurs deux mains en écartant (?) leur face ». J'ai traduit ce passage en interprétant le mot douteux *rokou* par la comparaison avec le tableau représenté au-dessous.

2) *Agalou-ho m douaout* « flottants de face en l'autre monde. » Ici encore, j'ai paraphrasé le sens du mot *agalou* d'après la scène figurée sous la légende.

3) Le mot *setasi* exprime le décubitus dorsal dans les traités de médecine, la position des cadavres couchés sur le dos aux champs de bataille ; appliqué à des noyés ou à des nageurs, il désigne ceux qui flottent sur le dos en faisant la planche, *setasi-ho*, en levant la face vers l'air libre.

4) Lit : « qui naviguez de vos deux mains pour les atteindre » *senou* se rapportant à *nifou*, respiration, qui est au pluriel dans le texte égyptien.

5) Ce texte, détruit presque entièrement au tombeau de Séti Ier, a été rétabli d'après les papyrus du Louvre et de Turin.

6) Lefébure, *le Tombeau de Séti Ier*, IIe partie, pl. XIX-XXII ; Champollion, *Notices*, t. I, p. 782-786 ; Pierret, *Inscriptions*, t. I, p. 125-127 ; Dévéria, *Catalogue*, p. 30-31 ; Lanzone, *le Domicile des Esprits*, pl. II-III.

dieux de l'autre monde). Le nom de cette cité est *Ro-ni-qririt apit khaoutou* (bouche du cercle qui juge les corps). Le nom de l'heure de la nuit qui guide ce Dieu Grand est *Sibaït-aibit-oua khosfit sibaou m-piritou-f* (l'étoile, dame de la barque qui repousse les impies par ses sorties)[1]. » L'aspect de la barque et de l'équipage n'a presque point changé, seulement le Dieu a repris son sceptre à tête de coucoupha, et un disque solaire rouge, entouré d'une uræus, *Posditou*, est venu se poser à l'avant de la barque : la nuit pâlit, l'aube va bientôt paraître, et Posditou n'est probablement qu'un nom de l'Etoile du matin. « Ce Dieu Grand navigue en cette cité en ce dessin, et son équipage de dieux le conduit vers l'horizon oriental du ciel; l'étoile *Posditou* qui est sur sa barque guide ce dieu grand vers les voies des ténèbres claires[2]. » Douze hommes marchent en avant de la barque, portant sur leur tête le serpent *Mehni*. « Ceux qui sont en ce dessin en avant de ce Dieu Grand, qui portent Mehni sur leur tête pour cette cité et qui voyagent à la suite de Râ vers l'horizon oriental du ciel, ce Dieu les salue par leur nom et leur assigne leurs fonctions. A eux Râ : « O vous qui gardez votre serpent de vos deux mains[3], vous qui « portez droit vos têtes, dont les mains sont vigoureuses, dont les « pieds sont fermes, qui allez vos marches et courez vos rondes, « joignez-vous à vos biens pour cette *ârrit* de l'horizon oriental. » Ce qu'ils font, c'est de procurer la marche de Mehni vers cette *ârrit* orientale de l'horizon; ils se réunissent à leurs demeures après que ce Dieu Grand a traversé les ténèbres et qu'il arrive à l'horizon. » Deux grandes uræus rampent devant Mehni : la première *Sam-Sheto* (l'image mystérieuse), porte sur le dos un dia-

1) Lefébure, *le Tombeau de Séti Ier*, IIe partie, pl. XXIII; Pierret, *Inscriptions*, t. I, p. 127-128; Déveria, *Catalogue*, p. 31; Lanzone, *le Domicile des Esprits*, pl. III.

2) *Kakoui mimou.* Le mot de *mimou* se rattache à une racine *Mimi* qui paraît avoir signifié *être clair*, *s'éclaircir*, et qui est déterminée par le disque rayonnant. Les *Kakoui mimou* c'est le diluculo, les ténèbres blanchissantes du matin, par opposition aux *Kakoui-Samoui* aux ténèbres concrètes de la nuit.

3) Les deux papyrus et le tombeau de Séti Ier ont ici trois versions différentes, toutes trois également incompréhensibles, preuve que le texte est corrompu. Je lis *Saou-ntenou semou-tenou* (déterminé par le serpent) *m-totoui-tenou* « vous qui avez gardé votre image (le serpent Mehni) avec vos deux mains », ce qui répond exactement à l'aspect du tableau.

dème rouge animé d'où sort une tête humaine, la seconde, *Samnebthâit* (l'image de Nephthys), porte sur le dos une couronne blanche flanquée de deux têtes humaines. « Ces images mystérieuses d'*Hor*, elles sont pour la seconde porte des ténèbres concrètes, route secrète de Saïs. — Tandis que ce Dieu Grand leur parle, leurs têtes [humaines] mystérieuses sortent, puis elles se résorbent de nouveau[1]. » Cette seconde porte des ténèbres, par laquelle le Soleil sortait de la nuit, mettait l'autre monde en rapport avec Saïs; aussi voit-on en avant des deux uræus qui la gardent quatre déesses, Nit la fécondée, Nit la couronnée de la couronne rouge, Nit la couronnée de la couronne blanche, Nit la jeune fille *(Nit sherit)*, debout aux limites du domaine de l'heure. « Celles qui sont en ce dessin pour cette porte, en la forme qu'a faite Hor, quand ce Dieu les salue par leurs noms, elles respirent à l'ouïe de sa voix : ce sont elles qui gardent la porte secrète de Saïs, l'inconnue, l'invisible, celle qu'on n'aperçoit point[2]. » Comme d'habitude, une ligne d'hiéroglyphes court au dessus du premier registre : « Cercle mystérieux de l'autre monde, à travers lequel voyage ce dieu pour sortir en la montagne d'horizon orientale du ciel. . . . . Si on les fait selon le modèle qui est tracé à l'Orient de la maison mystérieuse de l'autre monde, celui qui les connaît a sa portion comme Mâne armé, au ciel et en terre, en vérité. » Les tableaux qui occupent la première partie du registre ont une signification astronomique des plus marquées. Un dieu à corps humain, surmonté d'un disque solaire d'où sortent deux têtes d'hommes jumelles coiffées, l'une de la couronne blanche, l'autre de la couronne rouge, *Apir-ho* (le muni de face) *maître de l'Eternité*, fait vis-à-vis à *Topoui* (Double tête) qui porte une tête à deux faces, sans couronnes. Entre les deux, sont deux serpents, affrontés, réunis par un groupe de huit étoiles[3]. Le plus

1) *Piri-kher-tapou-senou shetaou âmou-kher-senou samou-senou m-khet*, lit : « sortent leurs têtes mystérieuses, elles mangent leurs images ensuite. » Cfr. pour le sens de cette métaphore, les explications données p. 12, note 3, p. 15, note 3, p. 24, note 3, et p. 28, note 3. Elle revient encore plusieurs fois dans la suite.

2) Lefébure, *le Tombeau de Séti Ier*, IIe partie, pl. XXIII-XXVI ; Champollion, *Notices*, t. I, p. 131-133; Dévéria, *Catalogue*, p. 32-33; Lanzone, *le Domicile des Esprits*, pl. III-IV.

3) Dix étoiles aux papyrus du Louvre et de Turin.

long est muni de deux ailes d'épervier et de quatre jambes humaines, comme le serpent que nous avons vu dans la terre de Sokaris[1]; un dieu, à la tête humaine couronnée du disque entre les deux yeux, apparait, les bras tendus entre les deux ailes comme pour les séparer. Le second serpent porte sur le dos un dieu-momie accroupi : au-dessus du dieu est écrit le nom *Zot-s*, au-dessous du serpent le nom *Shodou*. « Celui qui est en ce dessin (le dieu à double tête), est le gardien (l'agathodæmon) de Râ, et ne bouge de sa place en l'autre monde. » — « Celui qui est en ce dessin (le serpent à jambes humaines), quand ce Dieu le salue, une figure de Toumou sort de son échine, puis il résorbe de nouveau son image; » en d'autres termes, la figure de Toumou disparait. « *Zod-s* elle-même [la momie] est sur la constellation *Shodou* (le second serpent); ce qu'elle fait, c'est de jeter les vies au soleil chaque jour, puis elle résorbe son image (elle disparait) pour sa cité qui est la onzième heure, une de celles qui suivent le Dieu. » Sans rechercher quelle est exactement la constellation que les Egyptiens nommaient *Shodou* (La Tortue)[2], on voit seulement qu'elle se levait et se couchait dans la onzième heure, au moment où Toumou, le Soleil, écartant les deux ailes du gardien qui le masquaient, apparaissait et éclairait le ciel de ses premiers rayons encore incertains. Derrière ce tableau, un dieu Khnoumou à tête de bélier conduisait une procession de dix dieux à corps humains et à têtes diverses, nus et la plupart sans bras. « Ceux qui sont en ce dessin, tandis que ce Dieu Grand les salue par leur nom, [à eux Râ][3] : « Vous « pour qui mes manifestations cachées, mes illuminations mysté« rieuses sont la vie de vos âmes qui se posent sur vos ombres, « vous dont l'image a les bras libres ou cachés [chacune] en sa « place secrète, vous dont la respiration est [réglée par] ma « bouche, elle respire et vous parlez, vous dont les vivres sont sur « ma barque dont vivent vos âmes, vous qui avez l'eau à la « garde (?) du Nou avec laquelle les habitants de l'autre monde se « lavent, poussant des acclamations, remplissez vos fonctions et « placez vos âmes à la suite de mes formes[4]. » — Ce qu'ils font

1) Voir plus haut, t. XVII, p. 302-303.

2) Brugsch, *Astronomische und astrologische Inschriften*, t. I, p. 113.

3) Tous les textes passent ce membre de phrase *An-senou Râ*, que la comparaison avec les passages analogues nous oblige à rétablir.

4) La phrase est assez difficile et je ne suis pas certain d'en avoir saisi par-

en l'autre monde, c'est de faire monter les mystères de ce Dieu Grand vers la maison cachée, chaque jour, lorsqu'ils sortent avec ce Dieu Grand vers le firmament [terrestre]. » En avant de la procession rampent huit uræus assemblées deux à deux : sur l'échine de chaque couple une femme est assise, qui lève la main et semble s'en voiler la face. « Celles qui sont en ce dessin, dont les bras son en terre et les pieds dans les ténèbres concrètes, tandis que ce Dieu leur parle à elles-mêmes, elles poussent des acclamations; elles ne bougent de leurs places, mais leurs âmes vivent de la voix des figures qui sortent de leurs pieds chaque jour[1]. Quand les ombres sortent, les vents qui naissent en l'autre monde s'écartent de la face de ces déesses. » La description n'est point claire pour nous, je crois pourtant en comprendre le sens. Nous sommes à la fin de la onzième heure, au moment où le soleil va sortir de la porte des ténèbres. Les déesses placées à cette extrémité participent d'une double nature : leurs pieds sont encore dans la nuit, mais leurs bras sont déjà sur notre terre, la brise qui se lève chaque matin à l'aube vient frapper leur face, et c'est pour se garantir de ses atteintes qu'elles étendent la main devant leur visage. Le troisième registre représente les bûchers où les ennemis de Râ se consument et les déesses qui président à la destruction. Ce n'est peut-être pas sans raison que les Egyptiens avaient placé le feu

tout le sens exact. *Piriou-i* (var., *pir-i*) *amonou hai-i* (var., *hai-ni*) *shetaou d-ni ânkhou biou* (var. fautive du texte de Séti Ier, *d-ni-ânkhou-senou*) *senou sokhnou-senou hi khaibitou tenou ntetenou soshou* (var. *shetaitou*) *amonit r-totouï* (var. *r-totou*) *samou r-bou-f dosir nifou-tenou tapro-i serokou-f ni doutenou am*, lit : « Mes sorties cachées, mes illuminations mystérieuses, acte de vie de leurs âmes elles se posent sur vos ombres, vous ouverts cachés aux deux bras de l'image en sa place secrète, vos respirations ma bouche elle respire et vous parlez par là. » Le dieu décrit la condition des personnages auxquels il s'adresse et dont plusieurs ont, comme il le dit, les bras cachés ou coupés, dans le tableau qui accompagne le texte.

1) Les « figures qui sortent de leurs pieds chaque jour » sont les uræus sur lesquelles elles sont assises : le texte semble nous dire que les uræus sortaient d'elles, comme les têtes humaines citées plus haut (p. 12, note 3, et p. 32, note 1), sortaient des coffrets et de la couronne, ou comme certaines déesses sortaient du double serpent et de la hache (cf. p. 28, note 3). Ces déesses se nourrissaient de la voix des serpents qui sortaient d'elles : c'est viande creuse, mais nous avons vu déjà que beaucoup des habitants de l'autre monde égyptien s'en contentaient (t. XVII, p. 300, 303, etc.).

dans la onzième heure : ils avaient dû être amenés à cette conception par l'aspect du ciel au matin, et les teintes rouges de l'aurore étaient pour eux le reflet des fournaises du soleil. Hor, à tête d'épervier, coiffé du disque solaire, un tronçon de serpent à la main en guise de sceptre, veille, appuyé sur son bâton, et le grand serpent *Sit-hehou-ronpitou*, Sit l'Eternel, se tient devant lui prêt à s'élancer sur les morts qui tenteraient de s'échapper. Quatre grandes fournaises *Haïtou*, remplies de charbons ardents, consument les ennemis du soleil, leurs âmes, leurs ombres, leurs têtes, sous la garde de cinq déesses, la première à tête de lionne, qui toutes sont armées du couteau et vomissent la flamme à pleine bouche. Un dernier compartiment, plus grand que les autres et rempli de feu, contient quatre hommes qui semblent y tomber la tête en bas : il s'appelle « la Vallée des Précipités » *Anit sokhdiou*. Quatre femmes debout, portant sur la tête le signe du désert(*sit*) duquel s'échappent des flammes rouges, représentent les gardiennes de cette contrée de flammes et assistent au supplice des impies. Un dieu à tête humaine, le sceptre et la croix ansée à la main, *Hri-outiou-f* les accompagne. La légende qui explique cette scène commence par un discours du soleil aux morts qu'on va détruire. « La Majesté de ce Dieu s'écrie : « Tranche et « taille, ô mon père Osiris, les corps de [mes] ennemis, les membres « des morts précipités [dans la vallée]. . . . .
« Quand mon père, après s'être affaissé, frappe vos corps de des« truction, en tranchant vos mânes et vos âmes, en déchirant vos « ombres, en coupant vos têtes, si bien que vous n'existez plus, « mais que vous êtes précipités, que vous êtes jetés en vos four« naises sans échapper, sans vous sauver, les flammes du serpent « *Sit l'éternel* contre vous, les ardeurs de [la déesse à tête de « lionne] *Hrit-Kaïtoutou-s* (Dame de ses chaudières) contre vous, « les feux de [la déesse] *Hrit-haïtou-s* (Dame de ses fournaises) « contre vous, les jets de flammes de [la désse] *Hrit-nemmaïtou-s* « (Dame de ses billots) contre vous ; la déesse *Hrit-sifou-s* (Dame « de ses épées) taille en vous, elle vous découpe et vous met en « pièces, si bien que vous ne verrez plus ceux qui vivent sur terre. » Ceux qui sont en ce dessin, en l'autre monde, celui qui ordonne de les tuer chaque jour, c'est la Majesté de Har-douaouti (le dieu à tête d'épervier). — Quant à ceux qui sont en ce dessin représentés avec les ennemis d'Osiris en l'autre monde, [avec] *Hrioutiou-f* qui est

le gardien de ce cercle, ils vivent de la voix des ennemis, des hurlements des âmes et des ombres qu'ils ont jetées dans leurs fournaises[1] ».

La douzième heure n'est pas au tombeau de Séti Ier : le temps a manqué aux décorateurs pour la dessiner et pour la graver. Je crois cependant qu'il ne sera pas inutile d'en donner la description d'après les papyrus publiés de Paris, de Turin et de Boulaq. La ligne horizontale tracée en haut la définit : « Le cercle mystérieux de l'autre monde, où ce Dieu est enfanté, lorsqu'il sort du Nou et s'unit au ventre de Nouit. Si on fait cela, selon le modèle qui est tracé à l'est de la maison mystérieuse de l'autre monde, celui qui le saura étant encore en vie, cela lui sera utile au ciel et en terre. » La description est donnée d'une façon plus complète par le texte en trois lignes verticales, qui précède les tableaux. « La Majesté de ce Dieu Grand pénètre en ce cercle, qui est la frontière des ténèbres concrètes; c'est à ce cercle que ce Dieu Grand nait en sa forme de Khopri, et Nouit est en ce cercle pour l'enfantement de ce Dieu Grand, lorsqu'il sort de l'autre monde, qu'il se pose en la barque Mâdit et qu'il apparait hors du pubis de Nouit. Le nom de la porte de cette cité est *Tonten-noutirou*. Le nom de cette cité est *Khopir-kakoui Khâd-masitou* (les ténèbres sont le lever des naissances solaires). Le nom de l'heure de la nuit pour laquelle ce Dieu se produit est *Maa-nofritou-Ri* (celle qui voit les beautés de Râ). » La barque du Dieu est dans le même état que précédemment; mais le disque rouge placé à la proue pendant l'heure précédente a disparu, et le scarabée de *Khopri*[2] est à l'avant pour annoncer la naissance prochaine du soleil. Douze dieux tiennent la cordelle et s'avancent, la tête tournée vers Afou, tandis que douze femmes tirent également à la cordelle un gros serpent, qui est le double de la vie des dieux, et s'appelle *Onkh-noutirou* (vie des dieux) : dieux et déesses sont les dévots *Amkhiou* du serpent. La légende nous explique cette scène d'une façon très imprévue. « Ce Dieu navigue en ce dessin à travers cette cité, grâce aux dévots de l'image mystérieuse de *Onkh-noutirou*.

1) Lefébure, *le Tombeau de Séti Ier*, IIe partie, pl. XXIII-XXVI; Champollion, *Notices*, t. I, p. 789-791; Pierret, *Inscriptions*, t. I, p. 131-136; Devéria, *Catalogue*, p. 33-35; Lanzone, *le Domicile des Esprits*, pl. III-IV.

2) Ecrit *Khopi* avec chute de *r*.

Ses dieux à lui le tirent [d'abord] à la remorque, il entre à la queue du serpent et sort de la bouche du serpent, naissant [ainsi] en sa forme de *Khopri*, et les dieux qui sont dans sa barque, de même [entrent et sortent ; puis] il arrive à la face de cette image mystérieuse de la Corne du ciel, limite des ténèbres concrètes, [image] dont les deux bras ferment l'autre monde. [Alors] ce Dieu Grand pénètre à l'horizon oriental du ciel, Shou le prend et il se produit à l'Orient. » C'est l'histoire de la naissance du soleil, mais avec des détails qu'on ne connaissait point jusqu'à présent. Le Soleil mort doit revivre, afin de rentrer au monde des vivants, lui et les dieux qui l'accompagnent. Pour cela, on suppose un serpent gigantesque, qui représente en lui la *Vie des dieux* ou plutôt qui est le *Double*, l'*âme* de la vie des dieux, et où les dieux solaires pourront reprendre ce qu'il leur faut de vie pour reparaître sur terre. Le choix du serpent n'a rien d'extraordinaire : le serpent, qui fait peau neuve chaque année, et semble ainsi renaître de lui-même, était indiqué pour jouer ce rôle d'entrepôt de vie divine. Le dieu entrait cadavre, *âfou*, en lui, avec tous ses compagnons, par la queue, du côté des ténèbres, et ressortait rajeuni, *Khopri*, par la bouche, du côté de la lumière. Les douze dieux « qui sont en ce dessin et tirent Râ à la cordelle, dans les intestins d'*Onkh-noutirou*, ce sont les dévots de Râ qui sont avec lui, formes modelées par ses mains[1], et qui naissent en terre, chaque jour, après que ce Dieu Grand est né à l'Orient du ciel ; ils entrent âmes fidèles en cette image mystérieuse de Onkh-noutirou, ils en sortent serviteurs rajeunis de Râ, chaque jour. . . . .[2] » Ici encore, le texte nous révèle des faits que nous ne soupçonnions point. Les *Amkhouou nou Râ*, dévots de Râ, les dieux qui sont avec lui, ce sont les morts qui ont obtenu, par leurs incantations et par leurs sacrifices, de monter sur sa barque et de l'accompagner dans son voyage à travers la nuit : le mot *amkhou* désigne, en effet, les morts que la protection d'un dieu a pourvus du bonheur d'outre-tombe. Entrés dans le serpent avec Râ, à l'état d'*Amkhouou*, c'est-à-dire de morts, ils en ressortent avec lui à l'état de *Hounou*, *hounitou*, de jeunes gens. Le passage à travers le serpent avait donc les mêmes effets pour

1) *Khopoui totoui-f*, lit : « modelage de ses deux mains. »

2) Ici, un membre de phrase dont je ne saisis pas bien le sens : *Boutou senou pou keni tap-to tem-ran ni noutiri-f.*

les hommes qu'il avait pour les dieux, mais notre texte ajoute, de plus, qu' « ils naissent en terre (*em-to*), chaque jour, après que ce Dieu Grand le Soleil est né en l'Est (*em ibt*) du ciel. » Faut-il entendre par là une réincarnation des âmes, une nouvelle naissance qui ramènerait sur terre, dans un corps d'homme, une âme qui avait été désincarnée une première fois? Le texte égyptien ne me paraît pas comporter ce sens. Il n'emploie pas l'expression *tep-to*, qui, en effet, signifie *sur terre* et s'appliquerait à une seconde vie : il emploie la locution plus vague *m-to*, en terre, parallèlement à *m ibt*, en l'Est, qui est appliqué au soleil. Il veut dire seulement ce que nous disent les stèles funéraires, que l'âme pouvait sortir en terre, pendant le jour, errer autour de son tombeau, se reposer à l'ombre de ses arbres, aller où il lui plaisait, sauf à se remettre le soir sous la protection du Soleil, à remonter sur la barque et à refaire le voyage de la nuit précédente. De même que le Soleil, elle n'entretenait son immortalité qu'à la condition de passer chaque matin par la peau du serpent : elle ne renaissait pas à la vie humaine, mais elle renouvelait sa provision de vie surhumaine, puis, comme le dit la légende, les dévôts « tels qu'ils sont [représentés au tableau] avec leurs corps humains, ils sortaient au ciel avec le Dieu Grand » et jouissaient de leur liberté pendant les douze heures du jour. La nature du serpent est définie par l'inscription tracée au-dessus de lui : « Cette forme mystérieuse de *Onkh-noutirou* est là, au logis qui lui appartient de l'autre monde, et ne va à aucune [autre] place chaque jour[1]. Ce Dieu Grand lui adresse la parole en son nom de Nâï (vipère najà). . . . .[2]. Il vit du son des rugissements de la terre. Les fidèles qui lui sont dévoués sortent de sa bouche chaque jour. » Les déesses prenaient la place des dieux, au moment où la barque jaillissait de la bouche du serpent, et cela nous explique pourquoi la corde qu'elles tirent sort de cette bouche. « Celles qui sont en ce dessin, elles sont pour prendre la cordelle (*nofrit*) de la

1) Le texte de Turin (Lanzone, *le Domicile des Esprits*, pl. IV) dit au contraire : *hotpou nif r isit nib rd-nib*, « il est joint à toute place chaque jour. » Celui du Louvre (Pierret, *Inscriptions*, t. I, p. 142) nous donne la vraie leçon avec la négation.

2) Le passage, corrompu dans les textes que j'ai à ma disposition, semble dire que l'espace parcouru en lui par le soleil était de treize cents coudées.

barque de Râ, quand cette barque sort du serpent *Onkh-noutirou*, et elles halent ce Dieu Grand au ciel, le guidant (*Sam-sou*) aux voies du firmament; elles sont pour produire au ciel les brises pacifiques et les vents du large, et elles crient les vivats qui se font dans la Grande barque [du Soleil] au ciel [du monde terrestre.] »

Les représentations des deux registres latéraux confirment les conclusions qu'on peut tirer de celles du registre moyen. Le registre supérieur est rempli tout entier par deux processions alignées bout à bout, d'abord douze femmes qui semblent porter chacune un serpent sur les épaules, puis douze hommes qui s'avancent, les bras levés, dans la posture d'adoration. « Celles qui sont en ce dessin, représentées corporellement avec leurs uræus qui sortent d'elles, quand ce Dieu Grand atteint cette cité, elles sont derrière ce Dieu et ce sont les flammes de leurs bouches qui repoussent Apôpi de Râ pour l'*arrît* orientale de l'horizon; elles voyagent vers le firmament [terrestre] avec lui, en leurs places; puis elles ramènent ces dieux, après que ce Dieu Grand a passé la limite mystérieuse du ciel, et vont se remettre en leurs places. Elles présentent les dieux de l'Occident à Râ Harmakhis, et ce qu'elles font en terre, c'est de chasser ceux qui sont dans les ténèbres par la flamme de leurs uræus [lancée] derrière eux; elles conduisent Râ et frappent pour lui Apôpi au ciel. » — Les dieux ont un rôle analogue : « Ceux qui sont en ce dessin adorent ce Dieu Grand à la pointe du jour, au moment où il arrive en l'*arrît* orientale du ciel. Eux à Râ : « Toi qui nais ta naissance et qui « es ton être, parfait maître du ciel, que le firmament soit à ton « âme qui s'unit à lui, la terre à ton corps, maître de perfection, « toi qui navigues en l'horizon et t'unis à ta chapelle, protège ces « dieux en leurs corps, descends au firmament et reçois tes deux « âmes, grâce à tes formules magiques. » Ce qu'ils font en l'autre monde, c'est d'adorer ce Dieu Grand; ils se tiennent en cette cité et ils examinent les dieux du pays de Mafkit, acclamant Râ, après qu'il a atteint le firmament [terrestre], et qu'il se lève aux yeux des hommes pour leurs cercles. » Deux processions du même genre remplissent le dernier registre. La première comprend d'abord deux couples de dieux élémentaires Nou et Nouit, Hehou et Hehit. « Ceux qui sont en ce dessin, représentés corporellement, ils s'unissent à Râ au ciel pour prendre ce Dieu Grand au moment où il se manifeste au milieu d'eux à l'Orient du Ciel, chaque jour. Ils appartiennent à leurs stations de l'horizon ; mais leurs formes qu'ils ont dans l'autre monde appartiennent à ce cercle. » On les voit, en effet, sur d'autres monuments, qui assistent à l'accouchement de Nouit et reçoivent le jeune soleil entre leurs bras[1]. Ils sont précédés de huit personnages, qui tiennent chacun une rame ou une pique appuyée à l'épaule et sont divisés en deux groupes par la figure du serpent *Nasimkhouf*, vomissant la flamme. « Ceux qui sont en ce dessin avec leur rame, repoussant Apopi du ciel après les naissances du dieu, ce qu'ils font, c'est de soulever le grand disque solaire en l'horizon oriental du ciel, chaque jour, et c'est ce serpent Nasimkhouf qui brûle les ennemis de Râ au matin. Ces dieux voyagent avec ce Dieu Grand vers le firmament [terrestre], chaque jour, et reçoivent leurs talismans pour cette région. » La seconde procession est formée de dix adorateurs : « Ceux qui sont en ce dessin, ils sont derrière l'image d'Osiris qui est le chef des ténèbres concrètes, et voici les paroles que leur dit ce Dieu [le Soleil], quand ce Dieu Grand passe au delà d'elle [l'image d'Osiris] : « En vie, toi qui es le chef de tes [propres] ténèbres, en vie toutes tes grandeurs ! En vie, prince de l'Amentit, Osiris, chef des Occidentaux ! Puisses-tu vivre, puisses-tu vivre, toi qui es le chef de l'autre monde, car la respiration de Râ est à ta narine, l'haleine de Khopri avec toi, tu vis et ils vivent. » On acclame Osiris, maître des vivants, et ces dieux qui sont avec Osiris sont ceux qui étaient avec lui la première fois. Ceux qui sont derrière cette image mystérieuse pour ce cercle où elle vit, ils respirent par les paroles de ce Dieu Grand en leur monde, eux-mêmes. » L'Osiris dont il est question ici est représenté par une momie, au-dessus de laquelle sont tracés les mots *Sam Afou*, image d'Afou : c'est à lui que ces dieux adressent journellement leurs hommages, comme ils le firent à Osiris « la première fois », c'est-à-dire quand le dieu venait de mourir et que Hor régla tous les détails de son immortalité, prototype de l'immortalité des âmes qui naquirent plus tard. La dernière légende nous renseigne sur ses destinées ultérieures. « Celui qui est en ce dessin en image mystérieuse de Hor des ténèbres concrètes, c'est cette image mystérieuse que Shou soulève sous Nouit, et Agabou-Oïrou

1) Mariette, *Monuments divers*, pl. 46, sur le couvercle d'un sarcophage où était enfermée la momie d'un des béliers sacrés de Mendès.

sort en terre en cette figure. » La momie d'Osiris, l'Hor des ténèbres, est identique au dieu Agabou-Oïrou et sort avec lui en l'autre monde, où Shou la supporte avec le reste du ciel sous le ventre de la déesse Nouit. La scène finale nous fournit tous les éléments de cette opération. La limite des ténèbres concrètes est représentée par un mur épais, semé de points noirs et rouges, arrondi, du milieu duquel « l'image de Shou » sort la tête en allongeant les bras. La momie d'Afou est à sa gauche, couchée le long du mur ; le scarabée de Khopri est au-dessus de sa tête Comme le Satan de Dante, Shou appartient à deux mondes, par son buste au monde de la nuit, par son corps et par ses jambes à celui du jour. Khopri franchit le mur, la barque solaire continue sa course, toujours traînée par les déesses comme l'indique le prolongement de la corde de halage : la nuit est terminée, le jour commence et le Soleil sort de l'autre monde (*douaout*) pour entrer en notre terre (*m-to*).

J'ai déjà montré plus haut de quelle façon toutes les scènes sont rattachées l'une à l'autre. Le soleil mort est un Pharaon qui voyage à travers les douze cités qui forment le Douaout, depuis l'heure de son coucher jusqu'à l'heure de son lever. Les Egyptiens ont entrepris de décrire sa route avec la minutie de détails qui caractérise leur littérature et leur art : la géographie de ces nomes nocturnes est, en son genre, aussi complète que celles des nomes du Delta. Evidemment la conception n'est pas primitive, au moins en la forme où nous la trouvons. Les occupations du Pharaon-Soleil sont calquées exactement sur celles du Pharaon terrestre et n'ont pu être établies comme elles sont que longtemps après la fondation de la monarchie historique. Afou n'est pas un prince féodal, comme Sibou et comme les souverains antérieurs à Mini ; c'est un *souten*, un roi, comme Amon et les dieux qui sont parvenus au culte universel aux temps qui ont suivi la fondation de Memphis[1]. Le type de souverain qu'il revêt me paraît même ressembler au type du Pharaon thébain plus qu'à celui du Pharaon memphite, et, la rédaction que nous a conservée le tombeau de Séti Ier daterait de la fin du moyen empire ou du commencement du Nouvel-Empire que je n'en serais pas étonné. Mais cette composition artificielle peut et doit renfermer beaucoup d'éléments très anciens, qu'il serait important de retrouver. Je ferai remarquer tout d'abord que la pre-

1) Voir plus haut, t. XVII, p. 258.

mière heure de la nuit est vide et n'appartient presque pas encore au domaine des morts : c'est une sorte de marche située entre l'autre monde et le nôtre. Elle contient, comme je l'ai déjà avancé plusieurs fois, le chemin parcouru par le soleil entre le moment où il avait quitté l'horizon et celui où la nuit était complète, l'heure du crépuscule. Ce n'est point caprice ou singularité si les Egyptiens l'ont représentée comme étant vide et ne renfermant pas, pour ainsi dire, de population qui lui fût propre. Tous les peuples ont placé de la sorte, entre le monde des vivants et le monde des esprits, un espace désert que les morts devaient traverser, parfois à grand'peine, avant d'arriver à leur demeure dernière[1] ; seulement les Egyptiens, dominés par l'idée astronomique, ont défini l'étendue de ce territoire neutre et l'ont évaluée à la grandeur d'une heure de la nuit. Le Douaout réel ne renferme donc, à proprement parler, que onze divisions habitées par les morts.

Si l'on examine ces onze divisions, on reconnaitra bientôt que deux d'entre elles, la quatrième et la cinquième, forment à elles seules un monde complet. Les Egyptiens le savaient si bien qu'ils les ont parfois supprimées dans leurs éditions de notre livre, ainsi, au cercueil de Nectanébo Ier. J'ai déjà fait observer que ce monde, le *Ro-staouou*, est tout entier sous la protection de Sokari dont il est *la terre* (*to*), le domaine. C'est là une indication d'origine, et tous les faits que j'ai pu relever jusqu'à présent me confirment dans la pensée que les tableaux consacrés à ces deux heures nous font connaître, au moins dans ses lignes principales, l'idée que les Egyptiens qui habitaient Memphis et les environs avaient de l'autre monde, à une époque très reculée. Ainsi, la nécropole de Memphis s'appelait plus spécialement Ro-staouou[2], et ce nom, tout en s'expliquant naturellement par la forme des tombes memphites et de leurs couloirs taillés dans le rocher, est trop voisin du mot *sitou*, par lequel on désignait le désert, la montagne où l'on enterrait les morts, pour que l'allitération entre *staouou*, prononcé peut-être *sitaouou*, et *sitou* n'eût pas amené bientôt une alliance intime entre l'idée de la montagne funéraire et celle de la nécropole creusée dans la montagne. De là, le titre de *Hri-shaouf*, *Celui qui est sur*

1) Voir les récits de ce genre qui ont été réunis par E. B. Tylor, *la Civilisation primitive*, t. II, p. 59 sqq.

2) Brugsch, *Dictionnaire géographique*, p. 765-766.

ses sables, donné à Sokari et à ses sujets, dieux ou hommes[1] : le sable, le désert, et la montagne ne font qu'un en Egypte. Le séjour de Sokari était donc une chambre de carrière ou un puits de mine *Khri-noutir*, une grotte *Ammah*, où il tenait assemblés les mânes *Khouou*, les ombres blanches, les reflets ou doubles *kaou*, les ombres noires *Khaïbitou*, de ceux qui avaient été enterrés selon les rites de sa religion. L'étendue de ce royaume et sa position peuvent être déduites des indications qui nous sont fournies et par notre livre et par d'autres documents. Il occupe deux heures de la nuit, les deux premières du second quart : il était donc dans la partie septentrionale de la région ouest de l'univers. Si nous consultons les textes où il est question de géographie religieuse, nous verrons qu'à partir du Fayoum, une série presque ininterrompue de localités funéraires portent des noms qui nous montrent la prédominance du culte de Sokaris. A l'entrée du canal qui fait communiquer le Fayoum avec le reste de l'Egypte, près d'Illahoun, se trouvait *Hâsokari* qu'on appelait aussi *Pi-bi-ni-Osiri* (la maison de l'âme d'Osiris[2]). A quelques lieues au nord, on rencontrait une *Pa-Sokari-shaz*[3], qui, si elle n'est pas identique à Meïdoum et n'en marque pas la nécropole, est du moins à très peu de distance de ce village. A Memphis même, la nécropole était naturellement sous l'invocation de Sokaris et le temple de ce Dieu a donné son nom au village actuel de Saqqarah[4]. Ces renseignements s'accordent avec le passage du *Livre des morts* où il est dit que l'entrée du *Ro-staouou* est à *Anroudouf*, c'est-à-dire vers la nécropole d'Héracléopolis magna[5]. La région s'étendait jusque vers la Méditerranée, et y touchait peut-être, s'il est vrai que la localité de *A-Shdou*, consacrée à Sokaris, soit Ramleh, près d'Alexandrie[6]. La diffusion du culte de Sokar-osiri avait répandu le nom de Sokaris sur toute l'Egypte, et l'on trouve à Abydos[7], à Thèbes[8], des Ha-

1) Voir plus haut, t. XVIII, p. 21.
2) Mariette, *les Papyrus égyptiens du musée de Boulaq*, t. I, pl. IV; Brugsch, *Dictionnaire géographique*, p. 169-170.
3) Brugsch, *Dictionnaire géographique*, p. 82, 759.
4) Brugsch, *Dictionnaire géographique*, p. 758-759.
5) Livre des Morts, ch. XVII, l. 23-28, (édit. Naville, pl. XXIII).
6) Brugsch, *Dictionnaire géographique*, p. 772, 1332.
7) *Ha-Sokarit* (Brugsch, *Dictionnaire géographique*, p. 759.)
8) *Tou hri p-shd* la montagne de celui qui qui est sur le sable, c'est-à-dire de Sokaris (Brugsch, *Dictionnaire géographique*, p. 773.)

Sokaris. Mais Memphis et la région environnante, d'Héracléopolis à Saïs, était le lieu d'origine et le domaine propre du dieu. La raison pour laquelle on a mis la terre de Sokaris à la quatrième et à la cinquième heure est donc, je crois, de nature purement géographique. Le soleil mort, sortant du jour à un point déterminé, longeait l'Egypte en remontant vers le nord, au dehors de notre monde. Ce point de sortie était la *Fente* située à l'ouest d'Abydos, d'après l'opinion la plus répandue; mais il devait varier selon les localités, et l'on conçoit que le sacerdoce Thébain, arrivé presque à imposer son dieu Amon à l'Égypte entière, ait pu songer à déplacer l'entrée de l'autre monde pour la mettre à Thèbes ou dans les environs. Si, comme je le pense, notre *Livre* nous est parvenu en rédaction thébaine, il n'y a rien d'étonnant à trouver trois heures entre le moment où le soleil entre dans l'autre monde et celui où il arrive à la porte du Ro-staouou : trois heures de Thèbes à Héracléopolis magna nous donnent, pour le domaine de chaque heure, une quantité de terrain sensiblement égale à celle que nous fournissent deux heures d'Héracléopolis magna à Saïs ou au voisinage de Saïs. Je suppose donc que le scribe, arrivant à la hauteur de Memphis, n'aura trouvé rien de mieux que de prendre en bloc l'*Ammah*, le *Ro-staouou*, memphites et de les intercaler tels quels dans son œuvre. Comme la nature particulière de cet enfer memphite ne se prêtait guère à une adaptation intime avec la conception solaire qui prédomine dans notre livre, il a eu recours à un compromis pour concilier Afou et Sokaris. Il a divisé son théâtre en deux étages superposés : Afou passe dans la moitié supérieure, Sokaris reste dans la moitié inférieure. Afou ne pénètre pas dans les voies mystérieuses du Rostaouou, il ne voit pas le dieu dont il effleure le domaine, ni les dieux ou les morts qui l'habitent. Sokaris et ses sujets ne le voient pas davantage, mais ils entendent sa voix, et lui entend leur voix qui le guide. Je renvoie, pour la description de ce royaume et de ses habitants aux pages où j'ai traduit les inscriptions et expliqué les tableaux[1]; il est inutile de répéter ici à la moderne ce que les expressions rudes et sombres du texte égyptien nous laissent deviner de cette *terre de Sokaris*, le seul des autres mondes égyptiens auquel on ait quelque droit d'appliquer notre terme d'*enfer*. La façon dont les théologiens ont utilisé les données de la tradition

1) Voir plus haut, t. XVII, p. 295-310.

memphite pour les rattacher tant bien que mal à la conception solaire est assez ingénieuse. Sokaris est la mort, la nuit ; c'est un corps momifié et plongé dans les ténèbres. On a supposé que ces ténèbres cachent l'éclosion d'un nouveau corps vivant du dieu. Arrivée à un certain endroit de la cinquième heure, la barque solaire passe au-dessus de la zone où Sokaris se tient caché et lui adresse la parole ; à sa voix, un scarabée, emblème de naissance et symbole du soleil nouveau, sort des ténèbres étendues au-dessus d'Afou et vient se poser dans la barque. Tout considéré, je ne pense pas que cette imagination appartienne aux rédacteurs thébains de notre livre. Je la reporterai plutôt à une époque où la fusion de Sokaris et d'Osiris étant déjà complète, et, par suite, le Soleil mort devenant un sujet de Sokaris, la *terre de Sokaris* ne formait pas seulement une ou plusieurs des étapes de la barque solaire dans l'autre monde, mais était l'autre monde entier. Il fallait alors que le Soleil fît dans la terre de Sokaris toutes les opérations qu'exigeaient ses renaissances perpétuelles. On comprend pourquoi l'apparition du scarabée se produit dans la seconde moitié de la seconde heure attribuée à Sokaris par notre livre : le point où elle avait lieu marquait les derniers moments de la nuit, l'endroit où le Soleil mort commençait à sentir l'approche du jour. Nous rencontrons en effet, dans la rédaction thébaine de notre livre, un autre passage où le scarabée apparait et monte sur la barque, au commencement de la douzième heure, et cette seconde apparition du scarabée n'aurait aucune raison d'être, si nous avions devant nous une œuvre d'une seule venue : elle s'explique fort bien, au contraire, si l'on admet que les tableaux de la quatrième et de la cinquième heure formaient, à l'origine, une représentation complète des destinées du Soleil, pendant toute la durée de la nuit, et ont été intercalés tels quels dans le livre des scribes thébains. Les autres détails astronomiques de ces deux tableaux, le transport de l'Œil de Sokaris et son élévation par Thot et Hor, l'apparition du triple serpent portant les quatorze têtes étoilées, la figure du dieu Khopri à tête humaine, enfin la présence de la grosse étoile isolée qui ne peut-être que l'étoile du matin à la porte de sortie de la cinquième heure, deviennent aisés à comprendre dans cette hypothèse. Je crois donc pouvoir distinguer dans l'histoire de la *terre de Sokaris*, trois périodes au moins : 1° Celle où Sokaris, seul ou identifié avec Osiris, est souverain maître en son domaine, et où ce domaine ne contient aucune allusion aux mythes solaires; 2° celle où la terre de Sokaris élargie est devenue le domaine entier de la nuit, et voit s'accomplir toutes les phases de la course nocturne du Soleil, depuis son entrée dans les ténèbres jusqu'à sa sortie des ténèbres ; 3° celle où la terre de Sokaris, ainsi modifiée par l'élément solaire, cesse de représenter le domaine entier de la nuit pour n'être plus qu'un sixième du Douaout. Les deux premières conceptions me paraissent être surtout memphites d'origine, la dernière me parait être la version thébaine de la seconde version memphite.

Le groupe des heures de Sokaris est d'un aspect si original, les dessinateurs l'ont caractérisé de tant d'attributs particuliers qu'on ne peut le méconnaitre, même au premier coup d'œil. Je n'en dirai pas autant des autres groupes, du moins en l'état actuel de nos connaissances. Je crois pourtant reconnaitre d'une façon bien nette à la suite de la *Terre de Sokaris,* une région qui s'étend sur quatre heures consécutives, la sixième, la septième, la huitième, la neuvième, et qu'on pourrait appeler d'une façon générale, les *Terres d'Osiris.* Les caractères en sont moins vivement marqués que ceux du groupe précédent; on peut cependant les discerner sans trop de peine, au moins pour les deux heures du milieu, la septième et la huitième. La septième heure renferme les quatre corps, la huitième les quatre âmes d'Osiris, mais ici la superposition et la confusion des mythes ont été si grandes qu'il faudrait pour tout expliquer plus d'espace que je n'en ai pour terminer cet article déjà si long : je m'efforcerai donc de ne dire que le strict nécessaire. J'ai déjà cité plus haut le passage ou Plutarque affirme que les dieux égyptiens avaient sur terre des tombeaux où reposaient leurs corps, tandis que leurs âmes étaient au ciel dans les étoiles[1]. Ce témoignage de l'auteur grec est confirmé par de nombreux monuments : pour n'en citer qu'un exemple, un tableau gravé sur le sarcophage d'Onkh-hâpi, à Marseille, représente le tertre couronné de quatre arbres où dormait Osiris d'Abydos, et nous apprend qu'il renfermait « la pourriture, la charogne[2] » du dieu. Ces tombeaux d'Osiris attiraient la foule des dévots et c'était acte pieux que de se faire enterrer auprès d'eux, même à l'époque romaine[3]. Les premiers paradis osiriens étaient nécessairement situés autour du tombeau

1) Voir plus haut, t. XVII, p. 263.
2) En Egyptien, *ouiti.*
3) Ps. Plutarque, *de Iside et Osiride,* c. XX, p. 34, l. 10-12, édit. Parthey.

d'Osiris, de ce tombeau qu'Hor avait disposé pour son père et où le dieu vivait, grâce aux opérations magiques de sa femme et de son fils. Des gardiens, serpents, bêtes, ou dieux à forme humaine, veillaient sur lui et détruisaient tous ceux qui, approchant et désirant partager sa félicité, ne donnaient pas les mots de passe et ne prouvaient pas ainsi qu'ils étaient les serviteurs d'Horus. Mais, à partir d'une époque très reculée, Osiris n'était plus déjà un dieu un : il avait quatre âmes et quatre corps, répondant chacun à une des quatre maisons du monde, et auxquelles on donnait des noms différents. Nous savons, par exemple, que le bélier adoré dans la ville de Mendès, le lieu d'origine d'Osiris, était l'âme d'Osiris et représentait quatre béliers inférieurs qui répondaient, l'un à l'âme de Toumou, l'autre à l'âme de Shou, l'autre à l'âme de Râ, l'autre à l'âme d'Osiris; les noms variaient, et l'on pouvait avoir l'âme de Khopri, par exemple, au lieu de celle de Shou, mais le nombre ne variait jamais, non plus que la tradition qui faisait de ces quatre âmes et de ces quatre dieux l'âme d'Osiris. Les scènes que les théologiens ont choisies pour en remplir la septième heure se rattachent toutes à cet ordre d'idées de la façon la plus intime. Au registre supérieur, c'est la *Chair d'Osiris* (*Afou-Osiri*) qui trône, enveloppée d'un serpent, et sous la garde d'une uræus à tête humaine, tandis que devant elle d'autres gardiens lient et décapitent les « ennemis d'Osiris », c'est-à-dire les mânes qui ne connaissent pas les formules et ne peuvent pas prouver qu'ils sont parmi les serviteurs d'Hor. Au registre inférieur, le tertre où repose Osiris est figuré, gardé par un crocodile monstrueux, et la tête du dieu apparait à côté de la gueule du crocodile, tandis que les heures et les astres, hommes et femmes, font bonne garde sous la surveillance d'Horus. Dans les deux cas, Osiris est unique : au registre du milieu, les quatre personnes dont il se compose apparaissent. Quatre chambres ou quatre caisses magiques, gardées chacune par deux têtes humaines, renferment l'une l'image de Toumou, l'autre celle de Khopri, la troisième celle de Râ, la quatrième celle d'Osiris, c'est-à-dire les quatre formes par lesquelles passe le dieu suprême dans les mythes solaires, le soleil primordial (*Toumou*), le soleil naissant (*Khopri*), le soleil en son plein (*Râ*), le soleil mort (*Osiris*). Comme *Afou-Osiri*, le quadruple tombeau a son serpent gardien *Neha-ho*, que la légende solaire confond avec Apopi, dont le rôle est de dévorer quiconque ne sait pas les formules, et que les charmes d'Isis ont seuls le pouvoir de vaincre. Il me semble que, pour cette heure, nul doute n'est possible : c'est bien une *terre d'Osiris* qui nous est représentée, et non pas l'Amentit proprement dit, c'est-à-dire la terre d'Osiris d'Abydos, mais la terre de l'Osiris de Mendès, celle où sont établis et son tombeau et les tombeaux des quatre dieux que le développement des mythes solaires absorba en lui. Cette *terre d'Osiris* suppose sur la destinée de l'âme une conception analogue à celle qui a créé la religion de Sokaris : le dieu des morts, ici Osiris, là Sokaris, est lui-même un mort, qui vit en son tombeau et groupe autour de son tombeau les âmes de ses fidèles. Seulement, le séjour où réside Osiris n'est pas comme celui où réside Sokaris une région de grottes (*ammah*) et de couloirs (*Ro-staouou*) ; c'est une série de cercles ou de chambres fermées, placées chacune sous la dépendance d'un groupe de divinités amies d'Osiris. Ces cercles (*qririt*) occupent la huitième heure entière. Que a condition des habitants de cette *terre d'Osiris* fût analogue à celle des habitants de la *terre de Sokaris*, nous le voyons par les termes même qu'emploie l'auteur égyptien. Tous, dieux et hommes, sont appelés *Hriou-shâou-senou* « ceux qui sont sur leurs sables », comme Sokaris et les siens, et j'ai déjà montré ailleurs ce que cette expression signifie. Tous vivent à portes fermées, comme on fait dans la *terre de Sokaris*, sauf le moment où le soleil passe au milieu d'eux : le reste du temps, ils sont plongés dans l'obscurité, s'agitent à grand bruit, et le son de leurs voix, mêlées et fondues par la distance, produit comme une voix unique qui sort de chaque cercle avec un timbre différent. L'Osiris auquel appartient cet autre monde n'est donc pas encore l'Osiris Onnophris, celui qui reçoit les siens aux champs d'Ialou et leur accorde une vie de délices semblable à la vie qu'ils ont eue sur terre : c'est un Osiris farouche et ténébreux, probablement antérieur à l'autre Osiris. On comprend, à voir son royaume, que les Égyptiens n'aient eu aucune peine à l'identifier au Sokaris Memphite, et la confusion des deux divinités est marquée, dans la huitième heure, par les noms qu'on donne aux quatre béliers, âmes d'Osiris : ils ne sont plus l'âme de Toumou, de Khopri, de Râ, d'Osiris, mais la première, la seconde, la troisième, la quatrième forme de Tanen. Je n'ai pas à insister ici sur le rôle et l'origine de Tanen ; on sait qu'il est identifié au dieu Phtah[1], et que Phtah

1) Voir, par exemple, les formes de Tanen qu'a réunies Wilkinson, *The Ancient Egyptians*, 2e édit., t. III, pl. XX et p. 17.

lui-même est identifié avec Osiris par l'intermédiaire de Sokaris.

Le caractère de la septième et de la huitième heure, une fois bien établi, il devient facile de comprendre la place qui leur est attribuée ; ici encore la raison géographique a été prépondérante. J'ai montré plus haut que le domaine primitif d'Osiris était au nord de l'Egypte inclinant vers l'est[1]. Or, l'intervalle entre le point où le soleil se couche à l'ouest et celui où il se lève à l'est étant de douze heures, la fin de la sixième marque nécessairement le moment où la barque d'Afou arrive au milieu de sa course nocturne, c'est-à-dire à l'extrémité nord du monde, et le commencement de la septième, celui où elle commence à redescendre vers l'est : la septième et la huitième heure ont donc leur domaine dans la même direction où les traditions plaçaient le site des champs d'Ialou. Ces deux heures ne forment d'ailleurs que le noyau de la *terre d'Osiris* ; la sixième heure la complète à l'Occident, la neuvième à l'Orient. La sixième est comme l'antichambre du domaine d'Osiris, habitée par les momies des rois et des bienheureux, gardée par les divinités du cycle osirien et par les enfants d'Hor ; le corps de Khopri y figure dans les replis du serpent aux faces nombreuses qui veille sur lui, et d'autres emblèmes empruntés, comme les noms l'indiquent, aux religions d'Héliopolis y marquent l'endroit où reposent d'autres formes du dieu. Dans la neuvième heure, une partie des habitants sont encore enveloppés de bandelettes et placés « sur leurs sables », les autres représentent les dieux horaires : tous sont sous l'influence directe d'Osiris. Ici encore, il me semble que le groupe des quatre heures représente, quoique avec moins de netteté que pour les deux heures de Sokaris, un autre monde complet en soi, et qui n'est devenu que par artifice partie du Douaout tel qu'il est dépeint dans notre livre. Autant que j'en puis juger, la conception la plus ancienne y groupait, autour du tombeau d'Osiris, les tombeaux des autres dieux et des hommes dévoués à Osiris. Les mystères solaires, en s'y mêlant, y introduisirent des images nouvelles, par exemple la figure des *chairs de Khopri* dans la sixième heure. La barque solaire, entrée dans ce monde à la tombée de la nuit, y déposait le cadavre du soleil défunt qui portait le nom de Khopri, d'après ce principe que tout soleil mort était le germe du soleil qui naîtrait après lui ; elle visitait ensuite les tombeaux d'Osiris et des dieux,

1) Voir *Revue des Religions*, t. XVII, p. 262, et t. XV, p. 273 sqq.

traversait la contrée consacrée à la réception des mânes osiriens, puis, après être sortie de ces régions de mort, recevait le soleil nouveau, dont le disque rouge, posé à la proue, commençait déjà à éclairer le nouveau jour. La restitution de cette *terre d'Osiris* est moins certaine que celle de la *terre de Sokaris*. Osiris n'était lui-même, comme nous l'avons vu, qu'un composé d'éléments très divers [1], et le domaine de l'Osiris de Mendès, tel qu'il est figuré aux quatre heures du tombeau de Séti Ier, renferme très probablement, outre les données empruntées à Sokaris, des données qui proviennent de Khontamentit et des autres dieux des morts.

Restent deux heures au commencement de la nuit, la seconde et la troisième, trois heures à la fin, la dixième, la onzième et la douzième. Les premières sont évidemment osiriennes, et, d'après les figures comme celle d'Orion qu'on y aperçoit, elles renfermaient des éléments empruntés aux mythes qui plaçaient le royaume d'Osiris dans les étoiles : c'est ce qui expliquerait pourquoi les images d'Orion et de ses acolytes sont, pour la plupart, posées sur des bateaux, à la façon des astres. Cette conception se trouve probablement mêlée à la religion de Khontamentit, c'est-à-dire à la théorie ancienne, d'après laquelle le dieu des morts d'Abydos et de la Thébaïde, Khontamentit, plus tard identifié aux Osiris, aurait été, à l'origine, un vieux soleil mort, Anhouri défunt et obligé d'aller présider dans l'autre monde à la naissance des nouveaux soleils vivants. Ces heures premières de la nuit peuvent donc se rattacher aisément au groupe formé par les sixième, septième, huitième et neuvième : c'est ce qui arrive, en effet, au cercueil de Nectanébo, où les heures de Sokaris sont retranchées entièrement. Je n'ai pas malheureusement les moyens d'observer jusqu'à quel point cette conjecture est appuyée par le témoignage des monuments. Je dois faire remarquer seulement que la place attribuée aux scènes relatives à Khontamentit dans la composition du livre la rend assez vraisemblable. Le soleil, partant de Thèbes, comme je l'ai dit plus haut, et arrivant au Fayoum, près d'Héracléopolis Magna, au commencement de la quatrième heure, doit bien, en effet, se trouver par le travers d'Abydos pendant la deuxième heure de la nuit; de même, la prédominance des figures de Thot cynocéphale et d'Anubis, des gardiens ibiocéphales et des braves d'Osiris, dans la troi-

1) Voir plus haut, t. XVII, p. 266-269.

sième heure, s'expliquerait par le passage du dieu le long des nomes de la Moyenne Egypte, qui sont consacrés aux dieux chacals (Lycopolites), ou à Osiris lui même (Cynopolites). Les trois dernières heures me paraissent avoir même origine que les deux précédentes, mais renfermer une beaucoup plus grande part d'éléments solaires. Evidemment le désir d'expliquer les procédés employés par le soleil pour renaître au jour a inspiré uniquement la plupart des scènes: ainsi, le trajet de la barque solaire à travers le serpent rénovateur, ainsi le scarabée poussant la zone qui contient son œuf, ainsi la représentation du décan Khonthar, des constellations, des heures, la présence des serpents sinueux qui protègent le soleil de leurs replis, etc.[1]. Mais ces dessus solaires sont là encore étendus sur un fond appartenant aux vieux mythes. La région des dernières heures porte, sinon tout entière, au moins en partie, le nom d'*Aougarit*, *Aougrit*[2], et les textes funéraires, en l'échangeant avec les noms d'*Amontit*, de *Khrinoutri*, etc., nous montrent qu'il a servi, comme eux, à désigner un autre monde spécial, sur lequel nous n'avons jusqu'à présent que des données confuses. Les textes de notre livre et ceux du *Livre des portes* nous obligent à croire qu'il était habité, partie par des génies aquatiques, partie par des génies enflammés, ce qui semblerait nous indiquer la conception d'une peuplade attenant à la fois à la mer et au désert. La place que l'Aougarit occupe, après les domaines d'Osiris de Mendès, nous donnerait en effet l'idée que ce mot désignait à l'origine un autre monde à l'usage des Égyptiens qui habitaient à l'est du Delta, ceux du Ouadi Toumilât, de Bubastis, d'Héliopolis, voisins du désert et de la mer Rouge. Cette conjecture pourrait être confirmée par l'intervention dans la douzième heure des *Mafkaïtiou*, c'est-à-dire des dieux de la région du *Mafkaït*, des dieux du Sinaï. Le Sinaï a été, à son heure, identifié avec le mont Bâkhou, où naissait le Soleil, et marquerait en ce cas, aussi bien que le Gebel Doukhân, la fin de l'Aougarit en même temps que la fin de la nuit. D'autre part, j'ai déjà expliqué plus haut que les nuances rouges de l'aurore ont pu décider les théologiens à placer les chaudières où brûlent les ennemis dans la onzième heure : les Egyptiens[3] auraient pensé qu'elles

1) Voir t. XVIII, p. 25 sqq.
2) Cfr. t. XVIII, p. 27.
3) Voir plus haut, t. XVIII, p. 35.

étaient le reflet des flammes de l'enfer, visibles au moment où les chaudières s'ouvrent sur le passage du soleil. Sans attacher à ce rapprochement plus d'importance qu'il ne convient de lui en donner, je crois qu'on peut expliquer aisément la prédominance des conceptions solaires sur les conceptions osiriennes au commencement et à la fin de la nuit. Les rédacteurs de notre livre admettent que la nuit entière est le domaine de la mort, par suite celui d'Osiris et des dieux congénères. Mais, ce qu'ils se proposent d'enseigner, ce n'est pas, à proprement parler, la puissance de ces dieux, c'est la façon dont le soleil traverse leur empire sans être absorbé par eux, et, comme conséquence pratique, la façon dont une âme humaine doit s'y prendre pour faire comme le Soleil. Les premières parties de leur œuvre, les premières heures, sont donc consacrées à l'arrivée du Soleil mourant, à la consommation de sa mort, à son initiation aux mystères d'outre-tombe. Il est déjà dans le domaine des dieux terribles, mais il n'est pas plus en leur présence que le voyageur qui avait franchi la frontière d'Egypte et traversait les plaines du Delta n'était en la présence du Pharaon siégeant à Memphis ou à Thèbes. Ce n'est qu'après avoir parcouru une distance considérable, trois heures, qu'il arrive à leurs résidences; puis, quand il leur a adressé la parole, il doit voyager de nouveau et franchir la même distance, trois heures, pour atteindre à la frontière de leur empire vers l'Orient. Plus il s'éloigne d'eux, plus le pouvoir qu'ils ont sur lui s'affaiblit et plus sa force augmente. S'il s'agissait d'un recueil de textes indépendants, comme le *Livre des Morts*, je me garderais bien d'attacher un grand prix à ces considérations générales. Mais le *Livre du Douaout* est un ouvrage composé d'après un plan mûrement réfléchi : qu'on l'examine avec soin, et je crois qu'on reconstruira ce plan à peu près comme je l'ai indiqué. Un autre fait ressortira également de cet examen : bien que nous soyons tout le temps dans le royaume d'Osiris ou de ses parèdres, on ne voit apparaître nulle part le nom des Champs d'Ialou. Les *Serviteurs d'Hor* ne sont pas réunis autour de leur roi dans ces îles de délices : ils sont répartis dans les douze nomes, y reçoivent des champs, des offrandes, des revenus, et rendent hommage à Afou, chaque fois que ce dieu traverse le nome qui leur a été assigné. Je crois qu'ici encore l'explication est simple et facile à donner. Le *Livre de ce qu'il y a dans l'autre monde* appartient évidemment, par sa composition dernière, à l'époque où la religion solaire l'emporte sur les autres religions et s'efforce de placer son Dieu au-dessus de tous les dieux qu'il ne peut absorber en soi. La conception des champs d'Ialou avait l'inconvénient de mettre tous les morts, dieux ou hommes, sous la domination directe d'Osiris et de les retenir à perpétuité autour d'un chef qui n'était pas le Soleil. D'autre part, l'idée qu'Osiris était le roi d'Occident et de la mort était si bien enracinée dans les cerveaux égyptiens, qu'il était impossible de créer un autre monde où il ne figurât pas. Les rédacteurs de notre Livre, pénétrés de la toute-puissance du Soleil, même mort, ne pouvaient faire entrer, dans un ouvrage consacré à sa gloire, des conceptions qui le montraient assujetti, ne fût-ce que pour un instant, à l'un de ses inférieurs. D'ailleurs, l'idée qu'ils avaient de la félicité parfaite en l'autre vie excluait l'idée que s'en étaient faite les théologiens qui avaient développé la conception populaire des Champs d'Ialou. Le bonheur complet pour l'âme humaine en possession de toute science et de tout talisman, ce n'était pas de végéter dans un coin du ciel et du monde ténébreux, c'était de faire comme le Soleil, de monter sur sa barque et même de s'identifier à lui pour voyager à travers l'univers, nuit et jour. Aux mondes immobiles d'Osiris et de Sokaris, tels que les avaient imaginés les plus vieux des Egyptiens, on superposa le monde mouvant de Râ. Le fleuve céleste qui coule au firmament, de l'Est au Sud et du Sud à l'Ouest, le long de notre terre des vivants, continua de couler au Douaout, de l'Ouest au Nord et du Nord à l'Est, sur les terres des morts. Les âmes vulgaires ou mal armées contre les dangers de la nuit étaient réparties, comme des colonies de fellahs, dans les terres ténébreuses des vieux dieux, où elles étaient heureuses à leur façon ou bien périssaient, selon qu'elles étaient plus ou moins bien munies de talismans. Les âmes des rois, celles des prêtres et des prêtresses d'Amon, celles mêmes des laïques qui reconnaissaient la suzeraineté de Râ, suivaient Râ mort dans sa course sans s'arrêter et sans faiblir.

Il n'y avait pas qu'une façon de concilier les théories solaires et les théories osiriennes. Tel théologien, qui admettait la suprématie de Râ, était peu séduit par les peintures qu'on lui traçait de la Terre de Sokari, et ne pouvait renoncer à l'idée que les tableaux du jugement des âmes et des Champs d'Ialou fussent exacts. Le second livre dont le tombeau de Séti Ier nous a conservé un exemplaire, le *Livre des Portes*, ou, comme M. Lefébure l'appelle, le *Livre de l'Enfer*, a été composé pour concilier la théorie solaire avec les parties de la théorie osirienne, dont le *Livre de ce qu'il y a dans l'autre monde* ne tenait aucun compte. Il a déjà été traduit, par M. Lefébure, il y a bientôt dix ans, dans le recueil anglais des *Records of the Past*[1], de façon aujourd'hui encore assez exacte pour que je sois dispensé de le traduire à mon tour, comme j'ai dû faire pour l'ouvrage précédent. Une analyse rapide suffira à montrer le plan et la composition : les curieux de littérature mystique auront pleine satisfaction avec la version de M. Lefébure. Les murs du tombeau ne nous en ont conservé qu'une partie, un peu plus de la moitié ; mais ce n'est que demi-mal pour la momie et pour nous, car le sarcophage portait gravé un exemplaire du Livre entier, qui a été publié par MM. Sharpe et Bonomi[2]. La donnée première en est sensiblement identique à celle du livre précédent. C'est la course du Soleil mort, Afou, à tête de bélier, à travers l'autre monde, et l'autre monde de notre Livre est aussi une sorte de vallée longue et étroite, bordée de chaque côté par des pentes sablonneuses, coupée en deux parties égales par le fleuve éternel sur lequel flotte la barque divine ; il est divisé en douze nomes répondant aux douze heures de la nuit, mais la population de ces nomes n'est plus celle qu'on trouve dans les nomes du *Livre de ce qu'il y a dans l'autre monde*. Le premier nome, qui répond à la première heure, est presque vide ici encore. La manière dont il est représenté nous montre qu'il n'est qu'une sorte de vestibule du monde de la nuit[3]. La montagne d'Occident, figurée par une large bande semée de points qui simulent le sable, se creuse en amphithéâtre dans la direction de l'Ouest ; au fond, une gorge étroite s'ouvre, analogue à la *fente* de la montagne d'Abydos, qui sert d'accès à l'autre monde. A droite et à gauche, deux étendards sont plantés en terre, sur chaque versant, l'un surmonté d'une tête de chacal, l'autre d'une tête de

1) Lefébure, *The Book of Hades*, dans les *Records of the Past*, t. X, p. 79-134, XII, p. 1-35.

2) *The Alabaster Sarcophagus of Oimenephtah I., King of Egypt, now in Sir John Soane's Museum, Lincoln's Inn Fields*, drawn by Joseph Bonomi, and described by Samuel Sharpe, London, Longman, 1864, in-4° 45 p. et pl. XIX.

3) *The Alabaster Sarcophagus*, pl. IV-V ; Lefébure, *The Book of Hades*, t. X, p. 88-96.

bélier. Deux dieux sont agenouillés devant chacun d'eux, qui personnifient l'un la montagne (*sit*), l'autre le monde de la nuit (*Douaout*). Deux processions de douze dieux à forme humaine s'avancent solennellement sur chaque pente du cirque, les « dieux de la montagne » en haut, les « dieux de l'Amentit » en bas. La barque du Soleil est sculptée au registre du milieu, se dirigeant vers l'entrée de la gorge. Le dieu a encore sa forme diurne, un immense disque enveloppé des replis d'un serpent qui se mord la queue, et au milieu duquel est gravé un gros scarabée. L'équipage est moins nombreux qu'au Livre précédent ; il ne se compose que de *Sa*, le pilote d'avant, et de *Hou*, le pilote d'arrière, qui manœuvre le gouvernail. La barque se meut d'elle-même, sans rameurs, sans remorqueurs, et arrive à « la demeure cachée qui sépare tous les hommes, les dieux, les animaux, tous les reptiles qu'a créés ce dieu Grand. » La gorge franchie, elle se trouve devant un pylône fortifié, gardé par un serpent gigantesque, et dont la porte est fermée. Ces pylônes sont le trait caractéristique du Livre. Le Livre précédent avait conçu le domaine de chaque heure comme une cité (*nouit*), comme une chambre, un cercle (*qririt*), comme un immense logis servant à la fois d'entrepôt et de maison d'habitation (*ârrit*); le second livre pousse plus loin l'idée et place, à l'entrée de chaque heure, le pylône qui marquait l'entrée des cités, des chambres ou des entrepôts. C'est, comme on voit, le fait que j'ai si souvent déjà signalé : dès qu'une notion est entrée dans l'esprit égyptien, elle évolue et s'y développe avec toutes les conséquences qu'elle entraine. On commence par concevoir les divisions de l'autre monde comme étant identiques à celles du nôtre, et l'on finit par les munir des moyens de défense qu'on était accoutumé à voir dans les villes d'Égypte. L'idée de séparer le royaume d'Osiris en pylônes était du reste ancienne déjà dans la théologie égyptienne ; le *Livre des Morts* contient, à côté d'une division en *îles* (*aaït*) et en entrepôts (*ârrit*) une division en pylônes, très différente de la nôtre[1]. C'est bien certainement à cette conception très ancienne du *Livre des Morts*, que les rédacteurs de notre Livre empruntèrent leur idée des pylônes ; mais, entraînés par les données du *Livre de*

1) Naville, *Le Livre des Morts*, t. I, pl. CLIX, sqq., ch. 145-146; *Einleitung*, p. 173-176.

l'autre monde, qui partageait le domaine de la nuit en heures, ils réduisirent à douze, au lieu de vingt et un, le nombre des pylônes qui formaient l'antique royaume d'Osiris. Le dessin de la première porte diffère de celui des portes suivantes : c'est une baie simple, garnie d'un seul battant tournant sur pivot, et gardé par un serpent dressé sur sa queue. Les autres portes sont construites sur un même modèle assez compliqué. La baie proprement dite est protégée par une avancée, analogue à celle qui couvrait les portes des places fortes. Dans le mur vertical, qui barrait entièrement la vallée d'heure en heure, un passage étroit donnait accès sur un couloir qui cheminait entre deux murs garnis de pointes à la crête. Le couloir se coudait à angle droit et menait au porche même; il était surveillé à l'entrée et à la sortie par un dieu momiforme dont « les bras s'ouvraient pour recevoir Râ », puis au coude par deux uræus, placées chacune dans un angle, et dont les flammes balayaient sans cesse le défilé. Une neuvaine (*psitou*) de dieux momies, debout le long du mur extérieur, complétait la garnison. La barque du Soleil ne pouvait franchir ces défenses accumulées qu'après une cérémonie de conjuration toujours la même. « Quand ce Dieu arrive à ce pylône, afin d'entrer en ce pylône, les dieux qui sont en lui saluent ce Dieu Grand : « Que s'ouvre le pylône à « Har Khouti, s'ouvre le battant au dieu qui est au ciel ! Salut, ô Râ ! « Viens vers nous, voyageur qui parcours l'Amentit[2] ! » Les deux momies accueillent le Soleil, les deux uræus retiennent leurs jets de flammes, la barque arrive devant le battant de la porte; le serpent qui la garde a un nom différent pour chaque heure, *Akebi*, *Zelbi*, *Tôk-ho*, etc. « Celui qui est sur ce battant, il ouvre à Râ. — [Le pilote] Sa[dit] à Akebi : « Ouvre ta porte à Râ, ouvre ton « battant à Har-khouti, pour qu'il éclaire les ténèbres concrètes « et qu'il donne la lumière à la maison mystérieuse. » Quand ce battant se referme après que le Dieu Grand est entré, ceux qui sont en ce pylône s'exclament à entendre le bruit que fait cette porte en retombant[1]. » Le nom du serpent change à chaque porte, mais la formule reste la même. Chaque heure est divisée en trois

2) Ce salut est un résumé des divers saluts adressés à Râ par les dieux des divers pylones.

1) Bonomi et Sharpe, *The Alabaster Sarcophagus*, pl. 3 ; Lefébure, *The Book of Hades*, dans les *Records*, t. X, p. 96.

registres superposés : sur celui du milieu, le fleuve divin coule, et la barque de Râ navigue ; sur la rive droite, au registre supérieur, se trouvent de préférence les dieux de l'heure favorable à Râ ; sur la rive gauche, au registre du bas, on voit les morts et les esprits méchants ou bons, subissant leur supplice ou remplissant leurs fonctions. C'est, en résumé, la disposition du Livre précédent, mais la barque de Râ est toujours remorquée par quatre personnages, « les habitants de l'autre monde. » Du reste, Râ est ici encore un Pharaon en tournée dans ses États : il parle à ses vassaux, leur distribue des domaines ou des récompenses, reçoit leurs discours et leurs services comme en l'autre Livre. La traduction complète d'une seule heure, la troisième, suffira à montrer l'ordonnance de la composition[1].

Dès que la porte du serpent *Akebi* s'est refermée, Râ commence son voyage à travers la troisième heure. « Les [quatre] dieux de l'autre monde tirent ce Dieu Grand à la cordelle. » Il arrive bientôt à un objet étrange, que le texte appelle une fois « sa barque », une autre fois « le dieu Barque de la terre. » C'est une sorte de poutre allongée, terminée à chaque extrémité par une tête de taureau, placée sur les épaules de huit momies debout, « les porteurs des Dieux », et sur laquelle sont assises sept momies, « les dieux qui sont en l'autre monde » ; à droite et à gauche, et comme en serre-files, deux petits taureaux sont figurés chacun près d'une des deux grandes têtes. La disposition du dessin, qui nous montre la cordelle entrant à une extrémité par une tête de taureau et sortant par l'autre extrémité, nous prouve que le Soleil, barque et tout, passait à travers cette poutre creuse, comme à la douzième heure du Livre précédent, il traversait le Serpent[2]. A l'extrémité de l'heure, il rencontrait quatre momies, debout, les *enveloppées* (*outou*), les coudes en dehors, les mains réunies sur la poitrine. « Quand ce Dieu Grand est parvenu jusqu'au dieu *Barque de la terre*, qui est le bateau des dieux, à eux Râ : « O dieux qui êtes sous la « *Barque de la terre* et qui portez le bateau de l'autre monde, vous « dont les fonctions consistent à supporter et à donner de la

1) Lefébure, *Le Tombeau de Séti Ier*, IVe partie, pl. XI-XIV ; Bononi et Sharpe, *The Alabaster Sarcophagus*, pl. 2-3 ; Lefébure, *The Book of Hades*, t. X, p. 95-99.

2) Voir plus haut, t. XVIII, p. 36-37.

« lumière à votre barque secrète en laquelle est le Dieu *Barque de* « *la Terre*, j'ai laissé derrière moi le Bateau de l'autre monde, qui « supporte mes formes, et me voici, je traverse la région mysté- « rieuse [du tombeau] pour régler les destinées de ceux qui sont « en elle. Nourkhato, Nourkhato[1], sois bienveillant pour l'âme de « celui que les deux taureaux ont avalé, et le Dieu s'unit à sa « créature. » Ce texte mystérieux avait pour effet de permettre au soleil d'être avalé et dégorgé aisément par les deux têtes de Taureau qui terminaient la poutre Bateau des dieux, dans laquelle était le Dieu Barque de la terre. Je ne me flatte pas de comprendre la valeur précise de cette opération : il me semble qu'elle avait pour objet de permettre au dieu Soleil de se débarrasser de ce qu'il apportait avec lui d'impuretés terrestres, comme le passage à travers le corps du serpent avait pour effet de lui rendre la jeunesse. Les dieux porteurs, conjurés de la sorte, répondaient à Râ : « Râ, muni de son âme, est en faveur avec le Dieu Terre, et les dieux de celui-ci sont en faveur avec Râ. Cette barque [nommée] « la barque de son autre monde[2] » est en joie, et les dieux [porteurs] crient lorsque Râ a passé à travers eux; leurs liturgies sont de plantes annuelles, et on leur donne leurs liturgies, quand ils entendent la voix de ceux qui tirent à la cordelle ce Dieu Grand. » Les *enveloppés* n'ont pas, comme les précédents, l'honneur de recevoir directement les ordres du soleil : ce sont les haleurs qui leur parlent. « Les dieux de l'autre monde, qui sont avec la barque secrète de dessus terre, disent aux Enveloppés dont les bras sont cachés : « O Enveloppés de la terre, vous dont la fonction consiste « [à veiller sur] les provisions du dieu Khontimenitf, vous dont la « tête est découverte, mais dont les mains sont cachées, que l'air « [vienne] à votre nez, brisez vos maillots funèbres, emparez-vous « de vos biens, prenez vos liturgies de ce que j'ai créé. » Leurs provisions sont de pains et de laitage, leurs boissons sont d'eau, et on leur donne des provisions à cause de la blancheur [de la propreté] de leurs vêtements en l'autre monde. » Le registre supé-

1) C'est le nom de la momie qui est debout à l'entrée du pylône suivant, et à laquelle s'adresse le Soleil au moment de se plonger dans la *Barque de terre*. Il semble résulter de ce passage que l'on ne pouvait franchir la porte de ce pylône qu'après avoir été avalé et rendu par les deux têtes de taureau qui terminaient la poutre à chaque extrémité.

2) *Haï Doupou-douaout-s* (déterminé par la barque) *pen*.

rieur est occupé tout entier par deux scènes : 1° un immense serpent « le corps divin du Serpent qui garde ceux qui sont dans leur naos », est allongé au-dessus de douze naos dont les portes ouvertes laissent apercevoir douze momies debout, « les dieux cachés qui sont dans l'autre monde »; 2° un long bassin arrondi aux extrémités et plein d'eau, duquel sortent à mi-corps douze momies blanches à tête noire, « les dieux qui sont dans le bassin de flamme », devant chacun desquels un gros épi est planté. Râ dit aux dieux cachés : « Ouvrez vos naos que mes rayons entrent en vos ténèbres! Je vous ai trouvés en deuil, vos naos fermés sur vous, et je donne l'air à vos narines, je vous décrète votre richesse. » Eux à Râ : « Oh Râ, viens au lac où nous sommes, Dieu Grand « indestructible que défendent ses amis, ceux qui sont devant lui et « derrière lui, acclamant Râ quand il traverse la terre, le Dieu Grand « quand il voyage en la région mystérieuse [du tombeau]. » Leur richesse consiste en pains, pour bière ils ont des laitages [1], leur boisson fraîche est l'eau, et le serpent de flamme *Sti* [qui les garde] leur donne ce dont ils vivent. Quand leurs portes se ferment sur eux, après que ce Dieu a passé à travers eux, ils gémissent lorsqu'ils entendent le bruit que font leurs portes en retombant sur eux. — Ce bassin, qui est en l'autre monde, entouré de ces dieux qui sont emmaillottés, avec la face nue, ce bassin est rempli de verdure, et l'eau de ce bassin est du feu, si bien que les oiseaux [ou les âmes] se sauvent lorsqu'ils voient son eau et sentent l'odeur de ce qui est en lui. A eux Râ : « Vous, ô dieux, dont la fonction « est [de veiller sur] la verdure de ce bassin, vous dont les têtes « sont dévoilées, mais dont les membres sont cachés, que l'air « [vienne] à votre nez, que vos liturgies soient de verdure, que votre « richesse vienne de votre bassin, que son eau vous soit sans brû- « lure pour vous, sans feu pour vos corps. » Eux à Râ : « Viens vers « nous, Dieu qui vogues en ta barque, dont l'œil est de feu et

1) Il peut paraître singulier que notre texte dise, ici et ailleurs, que les dieux « ont pour bière du laitage ». L'expression s'explique par les habitudes égyptiennes. La ration-type, le traitement journalier d'un Égyptien se composait d'un nombre déterminé de pains et de mesures de bière. Il semble, d'après ce passage et d'autres, que les autres provisions étaient évaluées en pain et bière : dire que tel ou tel personnage a du laitage *pour bière*, c'est dire simplement qu'on lui donnait sa ration réglementaire en laitage au lieu de la lui donner en bière. La bière devient ici une sorte d'étalon, applicable à tous les liquides.

« brûle, dont la pupille rayonne ; les habitants de l'autre monde « acclament quand tu montes ; éclaire-nous, ô Dieu Grand qui as de « la flamme en ton œil ! » Leur abondance consiste en pains et en plantes d'eau ; ils ont pour bière des plantes d'eau, et pour boisson fraîche de l'eau, et ce bassin leur donne l'abondance de leurs provisions[1]. »

Au registre inférieur, Toumou, appuyé sur son bâton, surveille le serpent Apôpi, dont les anneaux s'amoncellent devant lui : il est aidé par neuf hommes debout, sans armes ni insignes, les « Gardiens qui accompagnent Apôpi. » Plus loin, le même Toumou, toujours appuyé sur son bâton, fait face à une escouade de huit dieux, appelés « les maîtres des fiefs », qui s'avancent vers lui la croix ansée en main et le sceptre à tête de coucoupha. « Lorsque Toumou a fait pour Râ les charmes qui protègent le dieu et a renversé Apôpi : « Te voilà renversé à ne plus te re- « lever, te voilà enchanté à ne plus être retrouvé ! La voix de mon « père [Râ] a été juste contre toi, ma voix a été juste contre toi, et je « t'ai détruit pour [le compte de] Râ, je t'ai annihilé pour [le compte « de] Khouti. » Eux, les neuf (*psitou*) de Râ qui repoussent Apopi, [disent] : « Ta tête est tranchée, Apopi, tes anneaux sont tranchés, « Apopi, à ne plus pouvoir t'enrouler[2] autour de la barque de Râ, « ni envahir le bateau du dieu. Une flamme sort contre toi de la « région mystérieuse [du tombeau], et nous t'adjugeons à ta « destruction. » Ils vivent de l'abondance des provisions de Râ, des liturgies de Khontamentit, car on leur fait des offrandes sur terre et ils reçoivent de l'eau fraîche auprès de Râ, parce qu'ils sont maîtres de l'abondance. » Toumou reprend la parole pour haranguer les personnages du second groupe : « Ce sont ici, dit-il, les dieux qui tiennent la vie et la force, qui s'appuient sur leurs sceptres, qui repoussent le serpent ennemi de Khouti, qui infligent des coups au serpent, qui combattent le reptile. Ce sont ces dieux qui enchantent Apôpi, qui ouvrent la terre à Râ et ferment la terre à Apôpi ; les habitants de l'autre monde [sujets] de Khontamentit,

1) La fin de ce texte qui manque au sarcophage de Séti Ier a été rétablie d'après Lefébure, *le Tombeau de Séti Ier*, IVe partie, pl. XIII-XIV. Les plantes d'eau sont données ici comme bière, de la même façon que plus haut le laitage.

2) *Tokou* déterminé par un *cercle*, forme secondaire de la racine *tek*, *tekkou*, *teknou*, etc., déterminée par les *jambes*.

ceux qui sont dans le mystère [du tombeau], qui adorent Râ, écrasent ses ennemis, protègent ce Grand contre le ver, acclament [la chute du] renversé par Râ, l'ennemi de Râ. Ils vivent de l'abondance des provisions de Râ, des liturgies de Khontamentit[1], car on leur fait des offrandes sur terre, et ils reçoivent de l'eau fraiche, parce qu'ils ont la voix juste dans l'Amenti, et l'échine solide dans la demeure cachée. Ils crient vers Râ, ils poussent des gémissements vers le Dieu Grand, après qu'il a voyagé à travers eux : quand il est passé, l'obscurité les enveloppe et leur cercle se ferme sur eux. » Si l'on compare cette heure avec l'heure correspondante du livre précédent, on verra que ni le nom, ni la nature, ni la fonction des personnages ne coïncident. La conception est la même au fond, et l'on retrouve dans les pylônes l'obscurité un moment interrompue par l'arrivée du dieu, la même tristesse au moment où le dieu s'en va emportant la lumière avec lui, comme le magicien du conte de Satni, les mêmes discours et les mêmes largesses du Soleil à ses fidèles : le détail est absolument différent.

Je n'ai pas l'intention de suivre le soleil pas à pas dans cette contrée nouvelle : un examen superficiel suffit à montrer en quoi le *Livre des Pylônes* diffère dogmatiquement du *Livre de l'autre monde*. Dans celui-ci des dogmes solaires étaient superposés aux dogmes plus anciens des dieux des morts primitifs, Sokaris, Osiris de Mendès : dans celui-là, les dogmes de Sokaris et d'Osiris de Mendès ont disparu entièrement. Peut-être les scribes thébains repoussaient-ils comme trop grossières les conceptions de la terre de Sokaris : le dogme osirien qu'ils ont adopté est celui d'Abydos, celui où Osiris s'unit à Khontamentit. Le dogme osirien ainsi entendu comportait le jugement des morts : la scène du jugement est mêlée en effet aux scènes de notre livre, et, là encore, l'influence géographique se fait sentir. Le tribunal d'Osiris est placé dans la sixième heure, ainsi que les champs où vivent les bienheureux; en d'autres termes, le dieu est au nord, en avant de son domaine, et ce domaine, où ne sont admis que ceux qu'il a jugés dignes d'entrer, s'étend au nord, comme les champs d'Ialou[2]. Arrivé à

1) *Zosrou-remenou*, lit. « l'épaule travaillant ».

2) Bonomi et Sharpe, *The Alabaster Sarcophagus*, pl. III; Lefébure, *The Book of Hades*, dans les *Records* t. X, p. 111-115. Toutes les légendes de cette scène sont en écriture secrète.

l'extrémité de la cinquième heure, le soleil franchit les couloirs de l'avancée, mais, au lieu de trouver au delà le battant de porte entr'ouvert, il rencontre une grande cour, dans laquelle Osiris momie, la houlette et la croix ansée à la main, siège sur une haute estrade. Devant lui, se dresse la balance du jugement, balance animée, dont le support est une momie humaine. Sur les degrés de l'estrade, neuf dieux s'échelonnent, le « cycle des dieux d'Osiris ». Devant le trône, Anubis, à tête de chacal, se tient debout tandis qu'un cynocéphale, emblème de Thot, chasse, à coups de badine, dans une barque, le pourceau «mangeur du bras», qui figure Sit, l'ennemi d'Osiris : une légende, tracée sous le trône, expose que les autres ennemis d'Osiris sont renversés sous les pieds du dieu et anéantis à jamais. C'est après avoir traversé cette salle que Râ se présente devant la porte de la sixième heure, que le serpent *Sitemitsif* lui ouvre encore : il rencontre dans cette région les ennemis attachés au poteau d'exécution sous la garde de Toumou, puis les bienheureux qui cultivent le sol et font la moisson[1]. La description des supplices réservés aux ennemis s'étend sur les heures suivantes : ils sont brûlés dans la huitième heure, et la même heure renferme ces dieux plongés dans l'eau éternelle que le livre précédent plaçait dans la dixième heure. Je ne sais si je me trompe, mais il me semble qu'à partir de cet endroit le scribe égyptien a eu l'intention de représenter l'*Aougarit* (*Agerit*)[2]. Les rédacteurs du *Livre de l'autre monde*, qui avaient déjà accordé beaucoup de place aux autres conceptions, ont condensé celle-là et l'ont fait tenir dans la dixième et la onzième heure : ceux du *Livre des Portes* l'ont développée, au contraire, de la huitième à la onzième heure. Je n'ai pas réussi encore à trouver des textes suffisamment précis pour me permettre d'avancer cette opinion sans réserve : elle me paraît pourtant résulter clairement de l'analyse. Quant à la scène finale, celle qui précède immédiatement le lever du soleil, elle diffère sensiblement dans les deux livres. Au *Livre de l'autre monde*, la momie du soleil quittait la barque et demeurait dans l'autre monde, tandis que le scarabée franchissait les limites de la nuit, sans que rien nous montrât comment se faisait cette opération.

1) Bonomi et Sharpe, *The Alabaster Sarcophagus*, pl XVIII; Lefébure, *The Book of Hades*, dans les *Records*, t. X. p. 116-119.
2) Voir plus haut, t. XVIII p. 27, 51-52.

Ici, il n'est plus question de la momie divine, mais on voit un grand tableau où la sortie de la nuit est figurée[1]. Arrivé au bout de la douzième heure, Râ trouvait une douzième porte défendue par le serpent *Riri*. « Celui qui est sur ce battant ouvre à Râ. Le « pilote *Sa* à *Riri* : « Ouvre ta porte à Râ, ouvre à Khouti, qu'il « sorte de la maison mystérieuse [du tombeau] et pénètre au ventre « de Nouit. » Quand cette porte se ferme, les âmes qui sont dans l'Amentit gémissent après que ce battant est retombé! Au dehors, deux uræus, Isis et Nephthys, font bonne garde : « Elles surveillent « cette porte secrète de l'Amentit et voyagent à la suite de ce dieu. » Mais Râ n'est pas encore entièrement sorti de la nuit : quelque intervalle le sépare du domaine du jour, qu'il doit franchir avant de paraître « sous le ventre de Nouit », c'est-à-dire au firmament de notre terre. Le *Nou*, l'eau remplit cet espace : le dieu qui l'anime jaillit à mi-corps au-dessus de l'Océan céleste, et « ses deux bras sortent pour soulever ce dieu ». Ils soulèvent, en effet, la barque du Soleil levant Madit, sur laquelle un équipage de dieux est venu prendre place. A l'avant, trois dieux, les « portiers » qui vont ouvrir les portes du jour, puis Isis et Nephthys, qui ont échangé leur forme d'uræus pour un corps de femme, et rapportent le scarabée de Khopri que surmonte le disque de Râ; puis *Sibou*, *Shou*, *Hikaou* le magicien et les deux pilotes *Hou* et *Saou*. « Ce dieu », dit la légende, « s'unit à la barque *Mâdit*, ainsi que les dieux qui sont avec lui. » L'embarquement terminé, il faut encore que la barque entre au ciel de jour, et cette opération est représentée à la partie supérieure du tableau. Nouit, le ciel, sous le ventre de qui le dieu va paraître, se dresse et reçoit le disque sur ses deux mains : « Nouit prend Râ. » Elle est debout sur Osiris, dont le corps replié forme une espèce de cercle : « C'est Osiris, dont le corps encercle l'autre monde. » La déesse prend le Soleil et sa barque et les transporte au delà des obstacles qui séparent de la terre la région ténébreuse du Douaout : le Soleil est dans notre monde.

J'ai déjà indiqué ce qui marque à mes yeux la différence de dogme entre ce livre et le précédent. Dans le monde des morts, comme dans celui des vivants, le Soleil tendait de plus en plus à confondre en soi toutes les divinités qui se prêtaient à cette opé-

1) Bonomi et Sharpe, *The Alabaster Sarcophagus*, pl. XV; Lefébure, *The Book of Hades*, dans les *Records*. t. XII, p. 15-17.

ration, et à éliminer celles qui s'y montraient réfractaires. Sokaris et le plus vieil Osiris, dont le royaume était nettement défini, ne se pliaient guère à cette absorption. On pouvait, comme dans le *Livre de l'autre monde*, superposer le mythe solaire à leurs mythes : on ne pouvait confondre leurs mythes ou leur personne avec les mythes ou la personne du soleil. Nous ne devons pas nous étonner si des théologiens, mécontents des combinaisons essayées à leur égard, prirent le parti de les supprimer entièrement; ils retinrent des croyances relatives à Osiris celles qui, faisant do Khontamentit un soleil mort, permettaient d'identifier Osiris avec Râ et de voir dans le dieu de l'autre monde le jumeau et comme la face obscure du dieu de notre monde. Une tentative de ce genre ne réussit jamais du premier coup : même sans étudier à fond le *Livre des Portes*, on reconnait sans peine qu'une partie des scènes qu'il renferme tenait encore de trop près à celles du *Livre de l'autre monde*, et, par suite, à celles des vieux mythes memphites et mendésiens, pour ne pas choquer les dévots exclusifs du Soleil. Les tombes des rois de la XXe dynastie renferment d'autres représentations et d'autres légendes, où le caractère purement solaire est plus marqué qu'il ne l'est dans le *Livre des Portes*. Osiris y figure bien encore, mais l'Osiris stellaire dont j'ai parlé plus haut, et qui est tantôt Orion, tantôt le dieu Lune. Aucun de ces ouvrages n'eut la popularité du *Livre des Morts* ou du *Livre de l'autre monde*. On ne les trouve point transcrits sur papyrus ni déposés à côté des momies comme passeport : les tombes royales ont été seules à nous les conserver. On peut tirer diverses conclusions de ce fait : la plus probable est que les scribes qui les ont composés n'avaient pas l'intention de faire des œuvres qui fussent à l'usage du premier venu. Ils y avaient consigné le résultat de leurs spéculations sur la nature du grand dieu qu'ils adoraient, la quintessence de la doctrine solaire : les idées qu'ils y exprimaient n'étaient que celles d'un petit nombre d'élus appartenant aux hautes classes, et, pour mieux marquer leur dédain de la foule, ils les ont rendues par une véritable imagerie secrète et par une écriture mystérieuse, où les gens du vulgaire ne devaient rien comprendre. Une partie des figures qu'ils ont prêtées à leurs dieux et à leurs génies sont déjà des figures gnostiques, les hommes sans bras et qui ont deux serpents en guise de pieds, les vipères munies d'un buste et d'une tête de femme, etc. Si jamais il y a eu dans l'Egypte pharaonique des mystères et des initiés, comme il y en a eu en Grèce et dans l'Egypte grecque, ces livres, postérieurs au *Livre de l'autre monde* et au *Livre des Portes*, sont des livres de mystères et d'initiés. L'élément de religion populaire ancienne y disparaît de plus en plus pour y faire place à des spéculations particulières, et le galimatias, qui était relativement simple dans les traités antérieurs, y devient double et triple de page en page. Tels qu'ils sont, je ne crois pas qu'ils nous apprennent grand'chose sur les doctrines réelles des Egyptiens de l'époque thébaine, ni des dynasties qui précédèrent les thébaines; mais ils nous montrent quelle était la tendance d'esprit des théologiens et des hommes d'étude vers la XIXe, la XXe et la XXIe dynastie. On comprend, en les lisant, quel empire la spéculation théologique et la dévotion superstitieuse avaient pris sur les hautes classes de la population égyptienne, et l'on s'étonne moins de voir la monarchie guerrière des Thoutmos ou des Sèti dégénérer, à partir de Ramsès III, en théocratie, et finir par s'absorber dans le sacerdoce d'Amon. M. Lefébure nous en promet le texte complet dans le second volume de son ouvrage : j'espère qu'il ne nous le fera pas attendre trop longtemps.

Avant de terminer, qu'on me permette une dernière observation. On a souvent dit, depuis Mariette, que les Egyptiens craignaient peu la mort, et que l'idée d'une vie nouvelle la leur rendait facile, au moins sous les premières dynasties : l'Egypte thébaine aurait seule connu et fait prévaloir les idées sombres et les conceptions désespérantes, dont les tombes royales nous ont conservé le tableau fidèle. Mes propres recherches m'ont conduit depuis longtemps à des résultats bien différents : l'idée de la mort, loin de s'assombrir a été s'éclaircissant plutôt de siècle en siècle. Je laisse de côté la conception première d'après laquelle l'âme aurait vécu dans le tombeau, pour ne considérer que les doctrines qui admettaient l'existence d'un autre monde. Et d'abord, l'autre vie n'était pas un droit pour l'Egyptien : il avait en lui de quoi la gagner, à force de formules et de pratiques, mais il avait toujours la crainte de la perdre, et, s'il était pauvre ou isolé, les chances étaient qu'il la perdît à bref délai. Cette autre vie n'a d'ailleurs rien de particulièrement agréable ; le *qu'on me fasse impotent, goutteux*, de Mécène représente presque un idéal de félicité, si on compare les conditions dans lesquelles il consentait à prolonger sa vie terrestre, à celles dans lesquelles les Egyptiens consentaient à supporter leur vie d'outre-tombe. La *Terre de Sokaris*, le royaume d'Osiris, l'Aougarit, le domaine de Khontamentit ne sont que ténèbres, éclairées à l'ordinaire par l'haleine enflammée des monstres et par le feu des supplices. On ne s'y défend qu'à force d'amulettes et de conjurations, on n'y est garanti contre la faim et la soif que si les descendants ou les vivants charitables répètent constamment l'offrande aux dieux qui y règnent, et qui prélèvent la plus grande part des revenus du mort; au mieux aller, il faut peiner pour y vivre, labourer, semer, moissonner dans l'ombre. C'est là, en gros, la conception la plus ancienne, et elle s'adoucit de deux façons, par l'hypothèse des îles bienheureuses et des champs d'Ialou, par celle d'une admission de l'âme sur la barque solaire. La conception d'un paradis, qui est, au fond, celle des champs d'Ialou, ne supprime pas le travail obligatoire des âmes, ni leur dépendance des vivants; mais, du moins, elle leur accorde la jouissance d'un séjour analogue à notre terre, où elles respireront l'air frais et jouiront de la lumière, où le soleil et la lune éclaireront leur travail, où Osiris leur laissera la propriété presque entière des offrandes qu'on leur enverra d'Egypte par la voie des sacrifices. L'admission sur la barque solaire était préférable encore, puisqu'elle mettait le mort qui l'obtenait sur pied d'égalité avec le soleil dont il partageait les destinées. Mais ces deux théories, même à la fin de l'époque thébaine, n'avaient pas réussi à supplanter les vieux mondes obscurs. Elles paraissaient trop séduisantes, trop belles, pour être mises à la portée du commun, et quelques élus seuls, en dehors des rois, étaient appelés à en profiter. Je n'en veux d'autre preuve, que les tableaux mêmes des livres qui nous les ont conservées. Ces morts, ces âmes, ces mânes, ces ombres, qui peuplent les douze heures de la nuit et auxquels le dieu prodigue ses dons, qu'est-ce, sinon la majorité des fidèles d'Osiris et de Râ, ceux-là même qu'on enterrait avec un exemplaire du *Livre de sortir pendant le jour*? Ils vivent, mais comme ceux de leurs ancêtres morts dans la croyance à Sokaris et aux vieux Osiris. Vingt-trois heures sur vingt-quatre, ils sont plongés dans les ténèbres concrètes, sous la garde de leurs dieux, et ne voient la lumière que pendant le temps où le soleil traverse le territoire où ils sont confinés. Le dieu, il est vrai, leur répartit des biens, leur distribue de quoi manger et boire, leur adresse de bonnes paroles en récompense de leurs services, mais ne les emmène point avec lui, quand il part. Son arrivée les avait trouvés gémissants et plongés dans le deuil : ils hurlent et gémissent quand le son que fait en retombant la porte de leur cercle leur annonce qu'il les a laissés une fois de plus au milieu des ténèbres. C'est à la nuit et encore à la nuit qu'aboutissaient tous les efforts de la pensée égyptienne, lorsqu'elle voulait concevoir la condition de ce qui survivait de l'homme après la mort.

Paris, le 1er mars 1888.

G. Maspero.

ANGERS, IMPRIMERIE BURDIN ET Cie, RUE GARNIER, 4

www.ingramcontent.com/pod-product-compliance
Ingram Content Group UK Ltd.
Pitfield, Milton Keynes, MK11 3LW, UK
UKHW020316250726
13967UKWH00004B/1759

9 782012 897601